Démasquer le Trouble de la Personnalité Narcissique

Stratégies pour gérer les Narcissiques dans les Relations Personnelles et Professionnelles

PAR
Margot Pearson

Table des matières

Introduction...7

Chapitre 1...14

Comprendre le trouble de la personnalité narcissique..... 14

Définition du NPD...14

Types de narcissisme.. 16

Prévalence et statistiques.................................... 19

Idées fausses courantes.......................................21

Chapitre 2...26

Les racines du narcissisme................................... 26

Théories et causes psychologiques.........................26

Théories psychanalytiques............................. 26

Théories comportementales............................ 27

Théories cognitives... 28

Influences de l'enfance et dynamique familiale...............29

Influence parentale...29

Expériences de la petite enfance........................ 30

Dynamique familiale......................................31

Facteurs génétiques et environnementaux.....................32

Facteurs génétiques...32

Facteurs environnementaux.............................. 32

Chapitre 3...35

Identifier les comportements narcissiques........................35

Traits et comportements communs...........................35

1. Sentiment grandiose d'importance
personnelle.. 36

2. Préoccupation pour les fantasmes............36

3. Croyance en être spécial et unique...........36

4. Besoin d'une admiration excessive..........37

5. Sentiment de droit.................................37

6. Exploitation interpersonnelle..................38

7. Manque d'empathie...............................38

8. Envie et croyance que les autres les envient 38

9. Comportements arrogants et hautains......39

Identifier les signes et les signaux d'alarme....... 39

Drapeau rouge 1 : besoin constant d'attention et d'admiration...39

Drapeau rouge 2 : relations d'exploitation...40

Drapeau rouge 3 : manque d'empathie véritable..40

Drapeau rouge 4 : attentes et droits irréalistes. 40

Drapeau rouge 5 : Envie et compétitivité.... 41

Styles de communication narcissique..........................42

Domination et contrôle............................... 42

Manipulation et tromperie...........................42

Manque d'empathie....................................43

Arrogance et condescendance......................43

Charme et charisme....................................44

Études de cas.. 44

Étude de cas 1 : Le PDG charismatique.......44

Étude de cas 2 : Le parent autoritaire..........45

Étude de cas 3 : Le partenaire charmant......46

Chapitre 4...**49**

Impact du narcissisme sur les relations............................**49**

Relations personnelles.................................49

Effets sur la famille....................................49

Effets sur les amis...................................51

Effets sur les partenaires romantiques.........51

Relations professionnelles.............................52

Impact sur le lieu de travail......................52

Progression de carrière............................53

Conséquences émotionnelles et psychologiques............53

Effets sur la santé mentale.........................54

Effets cognitifs..................................54

Effets comportementaux............................55

Récupération et guérison..........................55

Chapitre 5..**58**

Stratégies pour gérer les narcissiques dans les relations personnelles..**58**

Fixer des limites......................................58

Importance de fixer des limites...................58

Techniques pour fixer des limites...............59

Communication efficace................................62

Stratégies de communication assertive........62

Soins personnels et soutien...........................65

Maintenir le bien-être personnel.................65

Construire un réseau de soutien..................67

Quand s'éloigner..69

Signes qu'il est temps de mettre fin à la relation...................................69

Étapes pour mettre fin à la relation.............71

Chapitre 6..**76**

Stratégies pour gérer les narcissiques dans les relations professionnelles..**76**

Gérer les attentes.. 76

Des attentes réalistes sur le lieu de travail... 76

Résolution des conflits..78

Techniques de résolution des conflits.......... 79

Construire un réseau de soutien...............................82

Rechercher le soutien de collègues et de
mentors...82

Considérations juridiques et RH.............................85

Connaître vos droits................................. 85

Quand impliquer les RH............................ 87

Chapitre 7...**92**

Guérison des abus narcissiques.................................**92**

Reconnaître l'abus narcissique.................................92

Identifier les signes d'abus......................... 92

Étapes vers la récupération.......................................95

Stratégies et techniques de guérison........... 95

Interventions thérapeutiques....................................99

Types de thérapie et leurs avantages.......... 100

Renforcer la résilience... 103

Développer la force émotionnelle et la
résilience.. 104

Chapitre 8...**110**

**Aider les autres à comprendre et à gérer les narcissiques....
110**

Éduquer ses proches.. 110

Enseigner aux autres le NPD......................111

Offrir des conseils sur la gestion des narcissiques.........114

Stratégies pour faire face aux narcissiques 114

Soutenir quelqu'un dans une relation narcissique.......... 118

Fournir de l'aide et des conseils................ 118
Sensibilisation...121
Plaider pour une compréhension et un soutien
plus larges... 121
Conclusion...125

Introduction

Message de bienvenue

Bienvenue dans « Démasquer le trouble de la personnalité narcissique : stratégies pour gérer les narcissiques dans les relations personnelles et professionnelles ». Ce livre est conçu pour vous guider dans le monde souvent déroutant et douloureux des interactions avec les personnes atteintes du trouble de la personnalité narcissique (NPD). Que vous ayez un narcissique dans votre vie personnelle, comme un membre de votre famille ou un partenaire, ou que vous ayez affaire à un narcissique dans votre environnement professionnel, ce livre vous fournira les connaissances, les outils et les stratégies nécessaires pour gérer ces relations difficiles.

Introduction au sujet et à l'importance de comprendre le NPD

Le trouble de la personnalité narcissique est un problème de santé mentale complexe et souvent mal compris. Les personnes atteintes de NPD présentent un modèle omniprésent de grandeur, un besoin constant d'admiration et un manque d'empathie envers les autres. Ces traits peuvent entraîner d'importants problèmes interpersonnels et une détresse émotionnelle pour ceux qui les entourent. Comprendre le NPD est crucial car il vous permet de reconnaître les signes et les comportements associés à ce trouble, vous permettant ainsi de vous protéger et de prendre des décisions éclairées sur la manière d'interagir avec les narcissiques. En obtenant un aperçu des causes sous-jacentes et de la dynamique du NPD, vous pouvez gérer ces relations plus efficacement et maintenir votre propre bien-être.

Objectif du livre

L'objectif principal de ce livre est de démystifier le trouble de la personnalité narcissique et de fournir des stratégies pratiques pour faire face aux narcissiques dans un cadre personnel et professionnel. Il vise à vous doter d'une compréhension globale du NPD, y compris ses racines, ses manifestations et ses impacts sur les relations. De plus, ce livre cherche à offrir des conseils pratiques sur la façon de gérer et d'atténuer les effets des comportements narcissiques, en vous assurant de maintenir des limites saines et de donner la priorité à votre santé mentale et émotionnelle.

Objectifs et buts pour les lecteurs

- **Conscience:** Améliorez votre sensibilisation et votre compréhension du NPD et de ses caractéristiques.

- **Identification:** Vous doter de la capacité d'identifier les comportements et les modèles narcissiques chez les individus.
- **Stratégies :** Fournir des stratégies efficaces pour gérer les relations avec les narcissiques, tant sur le plan personnel que professionnel.
- **Récupération:** Offrez des conseils sur la guérison et le rétablissement après un abus narcissique.
- **Soutien:** Vous aider à soutenir les autres personnes aux prises avec des narcissiques et à sensibiliser le public au NPD dans votre communauté.

Aperçu

Ce livre est structuré pour vous emmener dans un voyage complet à travers la compréhension et la gestion du trouble de la personnalité narcissique. Chaque chapitre s'appuie sur le précédent, garantissant une exploration cohérente et approfondie du sujet.

- **Chapitre 1 : Comprendre le trouble de la personnalité narcissique**
  - Découvrez les critères cliniques, les types et les idées fausses courantes sur le NPD.
- **Chapitre 2 : Les racines du narcissisme**

- o Explorez les théories psychologiques, les influences de l'enfance et les facteurs génétiques contribuant au NPD.
- **Chapitre 3 : Identifier les comportements narcissiques**
  - o Découvrez les traits et comportements communs des narcissiques, étayés par des études de cas.
- **Chapitre 4 : Impact du narcissisme sur les relations**
  - o Comprenez comment le NPD affecte les relations personnelles et professionnelles, ainsi que ses conséquences émotionnelles.
- **Chapitre 5 : Stratégies pour gérer les narcissiques dans les relations personnelles**
  - o Obtenez des stratégies pratiques pour fixer des limites, une communication efficace et prendre soin de vous.
- **Chapitre 6 : Stratégies pour gérer les narcissiques dans les relations professionnelles**
  - o Apprenez des techniques pour gérer les attentes, résoudre les conflits et créer un réseau de soutien au travail.
- **Chapitre 7 : Guérison des abus narcissiques**
  - o Obtenez des conseils sur la reconnaissance des abus, les étapes de rétablissement et le renforcement de la résilience.

- **Chapitre 8 : Aider les autres à comprendre et à gérer les narcissiques**
  - Découvrez comment éduquer vos proches, soutenir les autres et sensibiliser au NPD.

Comment utiliser ce livre

Pour tirer le meilleur parti de ce livre, je recommande les conseils suivants :

1. **Lire séquentiellement :** Bien que chaque chapitre puisse être autonome, la lecture séquentielle du livre fournira une compréhension plus profonde et plus cohérente du NPD.
2. **Réfléchissez et prenez des notes :** Pendant que vous lisez, réfléchissez à vos expériences et prenez des notes. Cela vous aidera à intérioriser les informations et à les appliquer à votre propre vie.
3. **Utilisez les outils et exercices :** Tout au long du livre, vous trouverez des outils pratiques, des listes de contrôle et des exercices. Participez activement à ces derniers pour développer vos compétences dans la gestion des relations avec les narcissiques.
4. **Appliquer les stratégies :** Ne vous contentez pas de lire les stratégies, appliquez-les dans votre vie quotidienne. Entraînez-vous à fixer des limites, à

communiquer avec assurance et à rechercher du soutien.

5. **Recherchez de l'aide si nécessaire :** Si, à un moment donné, vous vous sentez dépassé ou avez besoin de l'aide d'un professionnel, n'hésitez pas à contacter un professionnel de la santé mentale.

En suivant ces conseils, vous serez sur la bonne voie pour comprendre et gérer les complexités du trouble de la personnalité narcissique, conduisant finalement à des relations plus saines et plus épanouissantes.

Chapitre 1

Comprendre le trouble de la personnalité narcissique

Définition du NPD

Le trouble de la personnalité narcissique (NPD) est un problème de santé mentale caractérisé par un modèle à long terme d'importance personnelle exagérée, un besoin impérieux d'admiration et un manque d'empathie envers les autres. Les personnes atteintes de NPD se croient souvent supérieures aux autres et ont peu de respect pour les sentiments des autres. Mais derrière ce masque de confiance extrême se cache une estime de soi fragile et vulnérable à la moindre critique.

Critères et caractéristiques cliniques

Selon le Manuel diagnostique et statistique des troubles mentaux (DSM-5), le diagnostic du NPD est basé sur des critères cliniques spécifiques. Pour recevoir un diagnostic de NPD, une personne doit présenter au moins cinq des neuf caractéristiques suivantes :

1. **Sentiment grandiose d'estime de soi**: Exagérer les réalisations et les talents, s'attendre à être

reconnu comme supérieur sans réalisations proportionnées.

2. **Préoccupation pour les fantasmes de succès illimité, de pouvoir, de brillance, de beauté ou d'amour idéal**: S'engager dans des fantasmes élaborés sur le fait d'avoir un pouvoir ou un succès illimité.

3. **Croyance en être spécial et unique**: Croire qu'ils sont spéciaux et ne peuvent être compris que par, ou devraient s'associer avec, d'autres personnes ou institutions spéciales ou de haut statut.

4. **Besoin d'une admiration excessive**: Nécessitant une admiration et une reconnaissance constantes de la part des autres.

5. **Sentiment de droit**: Avoir des attentes déraisonnables d'un traitement particulièrement favorable ou d'une conformité automatique à leurs attentes.

6. **Comportement d'exploitation interpersonnelle**: Profiter des autres pour parvenir à ses propres fins.

7. **Manque d'empathie**: Être réticent ou incapable de reconnaître ou de s'identifier aux sentiments et aux besoins des autres.

8. **Envie des autres ou croyance que les autres les envient**: Être souvent envieux des autres ou croire que les autres les envient.

9. **Comportements ou attitudes arrogants et hautains**: Afficher des comportements ou des attitudes arrogants et hautains.

Les personnes atteintes de NPD ont souvent des difficultés dans leurs relations et peuvent rencontrer des problèmes importants dans leur vie personnelle et professionnelle. Leur comportement peut être rebutant pour les autres, et leur manque d'empathie et leurs tendances à l'exploitation peuvent causer un préjudice émotionnel considérable.

Types de narcissisme

Le trouble de la personnalité narcissique peut se manifester sous différentes formes, les deux principaux types étant le narcissisme grandiose et le narcissisme vulnérable. Comprendre ces types peut fournir un aperçu plus approfondi des différentes manières dont le NPD peut affecter le comportement et les relations.

Narcissisme grandiose

Le narcissisme grandiose est le type le plus couramment associé au NPD et se caractérise par des expressions manifestes de supériorité et d'importance personnelle. Les individus atteints de narcissisme grandiose présentent généralement les traits suivants :

- **Excès de confiance et arrogance**: Ils ont souvent une idée exagérée de leurs propres capacités et réalisations et se croient supérieurs aux autres.

- **Domination et assertivité**: Ils ont tendance à être dominants et assertifs, prenant souvent les devants dans des situations sociales et professionnelles.

- **Recherchez l'attention et l'admiration**: Ils ont un besoin insatiable d'attention et d'admiration de la part des autres et peuvent adopter des comportements conçus pour attirer l'attention sur eux-mêmes.

- **Manque d'empathie**: Ils ont peu de respect pour les sentiments et les besoins des autres et peuvent exploiter les gens pour atteindre leurs propres objectifs.

- **Agressivité**: Ils peuvent être agressifs et conflictuels, surtout lorsque leur sentiment de supériorité est remis en question.

Les personnes atteintes d'un narcissisme grandiose semblent souvent confiantes et charismatiques, mais leurs relations sont généralement superficielles et égoïstes. Ils peuvent avoir du mal à entretenir des relations à long terme en raison de leur nature exploiteuse et sans empathie.

Narcissisme vulnérable

Le narcissisme vulnérable, également connu sous le nom de narcissisme secret, est moins apparent et plus subtil que le narcissisme grandiose. Les personnes atteintes de narcissisme vulnérable peuvent paraître timides ou introverties, mais elles nourrissent toujours des sentiments de supériorité et de droit. Les principales caractéristiques du narcissisme vulnérable comprennent :

- **Hypersensibilité aux critiques**: Ils sont extrêmement sensibles aux critiques et peuvent réagir de manière défensive ou hostile lorsqu'ils perçoivent un affront.
- **Insécurité et estime de soi fragile**: Malgré les apparences extérieures, ils ont une faible estime d'eux-mêmes et une peur intense du rejet ou de l'inadéquation.
- **Comportement passif-agressif**: Ils peuvent exprimer leur narcissisme par des comportements passifs-agressifs plutôt que par une domination manifeste.
- **Introversion et retrait social**: Ils peuvent se retirer des situations sociales pour se protéger des menaces perçues pour leur estime de soi.
- **Mentalité de la victime**: Ils se considèrent souvent comme des victimes et peuvent utiliser

ce sentiment de victimisation pour manipuler les autres.

Les narcissiques vulnérables peuvent être plus difficiles à identifier car leurs traits narcissiques ne sont pas aussi manifestes. Ils peuvent paraître humbles ou effacés, mais ils possèdent toujours un profond besoin d'admiration et de validation. Leurs relations sont souvent marquées par la dépendance et un comportement passif-agressif, et ils peuvent recourir à la culpabilité ou à la manipulation pour satisfaire leurs besoins.

Comprendre la définition, les critères cliniques et les types de trouble de la personnalité narcissique est crucial pour reconnaître et gérer les comportements narcissiques dans divers contextes. Les narcissiques grandioses et vulnérables présentent des défis uniques, mais avec les connaissances et les stratégies appropriées, il est possible de gérer efficacement les relations avec les personnes atteintes de NPD. Dans les chapitres suivants, nous explorerons les racines du narcissisme, son impact sur les relations et les stratégies pratiques pour gérer les interactions avec les narcissiques dans un cadre personnel et professionnel.

Prévalence et statistiques

Le trouble de la personnalité narcissique (NPD) est considéré comme relativement rare par rapport aux autres troubles de la personnalité. Cependant, son impact peut être profond à la fois sur les individus et sur leur entourage.

Quelle est la fréquence du NPD ?

- **Population générale :** Les estimations suggèrent que le NPD affecte environ 1 à 6 % de la population générale. La variation des taux de prévalence peut être attribuée aux différences dans les critères de diagnostic, les méthodologies d'étude et les échantillons de population.
- **Différences entre les sexes :** Le NPD est plus fréquemment diagnostiqué chez les hommes que chez les femmes. Des études indiquent que les hommes sont deux à trois fois plus susceptibles de recevoir un diagnostic de NPD.
- **Facteurs d'âge :** Les symptômes du NPD apparaissent généralement au début de l'âge adulte, bien qu'ils puissent se manifester à l'adolescence. Le trouble devient souvent plus prononcé à l'âge mûr, lorsque les échecs personnels et professionnels deviennent plus apparents.
- **Considérations culturelles :** Les facteurs culturels peuvent influencer l'expression et la reconnaissance des traits narcissiques. Les normes et valeurs sociétales autour de la réussite, de l'individualisme et de l'auto-promotion

peuvent avoir un impact sur la prévalence et la perception du NPD.

Bien que ces statistiques donnent une idée générale de l'étendue du NPD, il est important de noter que de nombreuses personnes présentant des traits narcissiques peuvent ne pas répondre à tous les critères d'un diagnostic formel. De plus, des facteurs culturels et contextuels peuvent influencer la façon dont le narcissisme est exprimé et perçu.

Idées fausses courantes

Il existe plusieurs idées fausses sur le NPD qui contribuent aux malentendus et à la stigmatisation. Distinguer les mythes des faits est essentiel pour une connaissance précise et une gestion efficace de la maladie.

Mythe contre réalité

Mythe 1 : Le narcissisme consiste simplement à avoir une haute estime de soi.

- **Fait:** Alors qu'une haute estime de soi implique un sentiment sain d'estime de soi, le narcissisme se caractérise par un sentiment exagéré de suffisance et un besoin d'admiration excessif. Les narcissiques ont souvent une estime de soi fragile

qui dépend d'une validation externe et peut être
facilement menacée par les critiques.

**Mythe 2 : Tous les narcissiques sont extravertis et
confiants.**

- **Fait:** Le narcissisme peut se manifester sous
  différentes formes, notamment le narcissisme
  grandiose et vulnérable. Alors que les
  narcissiques grandioses sont souvent extravertis
  et ouvertement confiants, les narcissiques
  vulnérables peuvent paraître timides, introvertis
  et peu sûrs d'eux, mais nourrissent toujours un
  sentiment de supériorité et de droit.

**Mythe 3 : Les narcissiques sont toujours faciles à
identifier.**

- **Fait:** Les narcissiques peuvent être difficiles à
  reconnaître, en particulier ceux dont le
  narcissisme est vulnérable. Ils peuvent se
  présenter comme humbles ou effacés, ce qui rend
  leurs traits narcissiques moins apparents. De plus,
  les narcissiques peuvent être charmants et
  charismatiques, ce qui peut masquer leur trouble
  de personnalité sous-jacent.

**Mythe 4 : Les narcissiques ne peuvent jamais
changer.**

- **Fait:** Bien que le NPD soit une maladie persistante et difficile à traiter, le changement est possible avec les bonnes interventions. La thérapie, en particulier les approches telles que la thérapie cognitivo-comportementale (TCC) et la thérapie par les schémas, peut aider les personnes atteintes de NPD à développer des comportements et des mécanismes d'adaptation plus sains. Cependant, la motivation au changement dépend souvent de la perspicacité de l'individu et de sa volonté de s'engager dans une thérapie.

Mythe 5 : Les narcissiques n'ont pas de sentiments.

- **Fait:** Les narcissiques ont des sentiments, mais ils ont souvent du mal à faire preuve d'empathie et à comprendre les émotions des autres. Ils peuvent éprouver des émotions intenses, comme la colère, l'envie et la honte, en particulier lorsque leur image d'eux-mêmes est menacée. Leurs expériences émotionnelles sont souvent centrées sur leurs propres besoins et perceptions.

Mythe 6 : Seules les personnes qui réussissent peuvent être narcissiques.

- **Fait:** Le narcissisme ne se limite pas aux individus qui réussissent. Des personnes de tous horizons peuvent présenter des traits narcissiques ou souffrir de NPD. Alors que certains narcissiques peuvent réussir grâce à leur ambition et leur confiance, d'autres peuvent avoir des difficultés dans leurs relations personnelles et professionnelles, ce qui entraîne des difficultés à maintenir une vie stable et épanouissante.

Comprendre la prévalence et les idées fausses courantes concernant le trouble de la personnalité narcissique est crucial pour reconnaître le trouble et y remédier efficacement. Bien que le TNP soit relativement rare, son impact sur les relations et la santé mentale peut être important. Dissiper les mythes et acquérir une compréhension claire du trouble aide à gérer les interactions avec les narcissiques et à soutenir les personnes affectées par leur comportement.

Dans les chapitres suivants, nous approfondirons les racines du narcissisme, explorerons son impact sur les relations et proposerons des stratégies pratiques pour gérer et guérir des interactions avec les narcissiques. En vous appuyant sur ces connaissances fondamentales, vous serez mieux équipé pour naviguer dans les complexités du NPD dans des contextes personnels et professionnels.

Chapitre 2

Les racines du narcissisme

Théories et causes psychologiques

Le trouble de la personnalité narcissique (NPD) a fait l'objet de diverses théories psychologiques qui cherchent à expliquer ses origines et son développement. Comprendre ces théories aide à découvrir l'interaction complexe des facteurs qui contribuent au narcissisme.

Théories psychanalytiques

La perspective psychanalytique, ancrée dans les travaux de Sigmund Freud, suggère que le narcissisme découle d'expériences développementales précoces. Freud a postulé que tous les individus traversent une phase narcissique pendant la petite enfance, où ils sont le centre de leur propre monde. Pour certains, cette phase n'est jamais complètement résolue, conduisant au narcissisme adulte.

- **La théorie de Freud**: Freud a décrit le narcissisme primaire et secondaire. Le narcissisme primaire est une étape normale de développement, tandis que le narcissisme secondaire se produit lorsque les individus redirigent leur libido (amour-propre) des autres vers eux-mêmes comme mécanisme de défense.

- **Théorie des relations d'objet**: Cette théorie, développée par Melanie Klein et d'autres, suggère que le narcissisme découle de perturbations précoces dans les relations entre les nourrissons et leurs principaux soignants. Ces perturbations peuvent entraîner des difficultés à former une identité cohérente et des relations stables.

- **Psychologie de soi**: La psychologie du soi de Heinz Kohut met l'accent sur le rôle des échecs empathiques des soignants. Lorsque les soignants ne parviennent pas à refléter les besoins de l'enfant et à lui apporter une admiration appropriée, l'enfant peut développer une estime de soi fragile, compensant par de la grandeur et un besoin de validation constante.

Théories comportementales

Les théories comportementales se concentrent sur les comportements acquis et les facteurs environnementaux qui contribuent au narcissisme. Ces théories mettent l'accent sur le rôle du renforcement et de la modélisation dans le développement des traits narcissiques.

- **Renforcement et récompense**: Les comportements narcissiques peuvent être renforcés par les soignants qui félicitent ou récompensent excessivement certains comportements, amenant l'enfant à associer l'estime de soi à la validation et aux réalisations externes.
- **Modélisation**: Les enfants peuvent apprendre des comportements narcissiques en observant et en imitant des parents ou des modèles narcissiques. Si ces comportements sont perçus comme efficaces ou gratifiants, ils sont plus susceptibles d'être adoptés.
- **Conditionnement**: L'amour incohérent ou conditionnel de la part des soignants peut amener les enfants à croire qu'ils doivent réussir ou se comporter de certaines manières pour gagner l'amour et l'approbation, favorisant ainsi les traits narcissiques.

Théories cognitives

Les théories cognitives examinent le rôle des schémas de pensée et des croyances dans le développement du narcissisme. Ces théories suggèrent que des processus cognitifs inadaptés contribuent à la personnalité narcissique.

- **Distorsions cognitives**: Les narcissiques peuvent développer des schémas de pensée déformés, comme la surestimation de leurs capacités et la sous-estimation des autres, ce qui renforce leur sentiment de supériorité.
- **Auto-schéma**: Le schéma personnel d'un narcissique, ou le cadre à travers lequel il se perçoit et voit le monde, est souvent orienté vers la grandeur. Ils peuvent avoir une image d'eux-mêmes exagérée et croire qu'ils ont droit à un traitement spécial.
- **Croyances fondamentales**: Les croyances fondamentales sous-jacentes à propos de soi-même et des autres jouent un rôle crucial. Les narcissiques ont souvent la conviction fondamentale qu'ils sont intrinsèquement supérieurs et méritent l'admiration, ce qui détermine leur comportement.

Influences de l'enfance et dynamique familiale

Les expériences de la petite enfance et la dynamique familiale sont essentielles au développement des traits narcissiques. Plusieurs facteurs clés au cours de l'enfance peuvent contribuer à l'émergence du NPD.

Influence parentale

- **Surestimation**: Les parents qui félicitent et idéalisent excessivement leur enfant peuvent lui inculquer un sentiment de supériorité et de droit. Cette surévaluation peut conduire à une image de soi gonflée et à une attente d'admiration constante.

- **Manque d'empathie**: Les enfants de parents qui ne font pas preuve d'empathie et d'adaptation émotionnelle peuvent avoir du mal à développer leur propre capacité d'empathie. Cette négligence émotionnelle peut entraîner un manque d'intérêt pour les sentiments et les besoins des autres.

- **Parentalité incohérente**: Une parentalité incohérente ou erratique, où l'amour et l'approbation sont conditionnels et imprévisibles, peut conduire à une estime de soi fragile. Les enfants peuvent développer des traits narcissiques comme mécanisme de défense pour faire face à l'incertitude et rechercher une validation.

- **Narcissisme parental**: Avoir un parent narcissique peut servir de modèle à des comportements narcissiques. Les enfants peuvent apprendre à imiter ces traits, les considérant comme des moyens normaux ou efficaces d'interagir avec les autres.

Expériences de la petite enfance

- **Traumatisme et abus**: Les expériences de traumatisme, de négligence ou de maltraitance peuvent avoir un impact significatif sur le développement d'un enfant. Pour faire face à des sentiments de vulnérabilité et de faible estime de soi, un enfant peut développer des traits narcissiques comme bouclier protecteur.
- **Interactions avec les pairs**: Les premières interactions avec les pairs jouent également un rôle. L'intimidation, le rejet social ou le fait d'être excessivement admiré par ses pairs peuvent influencer le développement de traits narcissiques.

Dynamique familiale

- **Rôles familiaux**: Dans certaines familles, les enfants peuvent se voir attribuer des rôles tels que « l'enfant en or » ou le « bouc émissaire ». L'enfant chéri, idéalisé et favorisé, peut développer des traits narcissiques, tandis que le bouc émissaire, blâmé et marginalisé, peut également développer ces traits comme moyen de faire face.
- **Rivalité fraternelle**: Une rivalité intense entre frères et sœurs et une compétition pour l'attention et l'approbation parentales peuvent favoriser des traits narcissiques. Les enfants peuvent apprendre

à surpasser leurs frères et sœurs pour être reconnus et validés.

Facteurs génétiques et environnementaux

Le débat entre nature et culture explore les contributions relatives de la prédisposition génétique et des influences environnementales dans le développement du NPD.

Facteurs génétiques

- **Héritabilité**: La recherche suggère qu'il existe une composante génétique au NPD. Des études indiquent que les traits de personnalité associés au narcissisme, tels que des niveaux élevés d'extraversion et de faibles niveaux d'agrément, peuvent être héréditaires.
- **Prédisposition génétique**: Les individus peuvent hériter d'une prédisposition génétique envers certains traits de personnalité qui, combinés à des facteurs environnementaux, peuvent conduire au développement du NPD.

Facteurs environnementaux

- **Environnement de la petite enfance**: La qualité de l'environnement de la petite enfance, y compris la présence de soignants attentionnés et à l'écoute, joue un rôle important dans le développement de la personnalité. Des environnements défavorables, tels que ceux marqués par la négligence ou la maltraitance, peuvent contribuer à l'émergence de traits narcissiques.

- **Influences culturelles**: Les valeurs et normes culturelles peuvent avoir un impact sur l'expression et la prévalence du narcissisme. Les sociétés qui mettent l'accent sur l'individualisme, la compétition et la réussite peuvent connaître des taux plus élevés de traits narcissiques par rapport aux cultures collectivistes qui donnent la priorité à la communauté et à la coopération.

- **Facteurs socio-économiques**: Le statut socio-économique et les facteurs de stress associés peuvent influencer le développement de la personnalité. Les enfants élevés dans des environnements soumis à un stress financier ou à une instabilité importante peuvent développer des traits narcissiques comme mécanisme d'adaptation.

Les racines du trouble de la personnalité narcissique comportent de multiples facettes, impliquant une interaction complexe de facteurs psychologiques, familiaux, génétiques et environnementaux. Comprendre ces racines fournit des informations précieuses sur le développement du narcissisme et souligne l'importance d'une intervention précoce et d'environnements favorables pour atténuer le risque de NPD.

Dans le chapitre suivant, nous approfondirons l'identification des comportements narcissiques, explorerons les traits et comportements communs associés au NPD et examinerons des études de cas réelles pour illustrer ces concepts. En s'appuyant sur la connaissance des racines du narcissisme, nous pouvons mieux reconnaître et aborder les manifestations de ce trouble dans divers contextes.

Chapitre 3

Identifier les comportements narcissiques

Identifier les comportements narcissiques peut être difficile, d'autant plus que les personnes atteintes d'un trouble de la personnalité narcissique (NPD) possèdent souvent des traits charmants et charismatiques qui peuvent masquer leurs problèmes sous-jacents. Cependant, reconnaître les traits et comportements communs associés au narcissisme est crucial pour se protéger et gérer efficacement les relations avec les narcissiques. Dans ce chapitre, nous explorerons les signes clés et les signaux d'alarme du comportement narcissique.

Traits et comportements communs

Les personnes atteintes de NPD présentent une gamme de traits et de comportements qui peuvent aider à identifier leur maladie. Ces traits tournent souvent autour d'un sentiment exagéré d'importance personnelle, d'un profond besoin d'admiration et d'un manque d'empathie envers les autres.

1. Sentiment grandiose d'importance personnelle

- **Réalisations et talents exagérés**: Les narcissiques se vantent souvent de leurs réalisations, fabriquant ou exagérant parfois leurs succès pour impressionner les autres.
- **Attendre un traitement spécial**: Ils croient qu'ils méritent un traitement spécial et attendent des autres qu'ils reconnaissent leur supériorité, souvent sans aucune réalisation substantielle pour justifier cette attente.
- **Dominance dans les conversations**: Ils dominent fréquemment les conversations, ramenant le sujet à eux-mêmes et à leurs intérêts, quel que soit le contexte ou les besoins de l'autre personne.

2. Préoccupation pour les fantasmes

- **Fantasmes de succès illimité**: Ils peuvent rêver d'atteindre un immense pouvoir, un succès, une beauté ou un amour idéal, croyant souvent que ces fantasmes sont réalisables et inévitables.
- **Objectifs irréalistes**: Leurs objectifs et ambitions sont souvent irréalistes et grandioses, reflétant leur conviction qu'ils sont destinés à la grandeur.

3. Croyance en être spécial et unique

- **S'associer avec des personnes de haut statut**: Ils recherchent des relations avec des personnes qu'ils perçoivent comme spéciales ou de haut rang, croyant que seules ces personnes peuvent vraiment les apprécier.
- **Clubs et groupes exclusifs**: Ils peuvent rejoindre des clubs ou des groupes exclusifs pour renforcer leur sentiment d'être unique et supérieur.

4. Besoin d'une admiration excessive

- **Rechercher une validation constante**: Les narcissiques ont besoin d'une admiration et d'une validation constantes de la part des autres, et ils peuvent devenir bouleversés ou en colère s'ils ne reçoivent pas l'attention dont ils ont besoin.
- **Flatterie et louange**: Ils recherchent souvent des compliments et s'entourent de personnes prêtes à les flatter et à les féliciter.

5. Sentiment de droit

- **Attentes déraisonnables**: Ils ont des attentes déraisonnables d'un traitement favorable et peuvent se mettre en colère ou s'indigner si leurs demandes ne sont pas satisfaites.
- **Exploiter les autres**: Ils se sentent en droit de profiter des autres pour parvenir à leurs propres fins, souvent sans culpabilité ni remords.

6. Exploitation interpersonnelle

- **Utiliser les autres à des fins personnelles**: Les narcissiques exploitent fréquemment les autres pour obtenir ce qu'ils veulent, qu'il s'agisse d'argent, de statut ou d'autres ressources.
- **Manque de réciprocité**: Leurs relations sont souvent unilatérales, avec peu ou pas de considération pour les besoins ou les sentiments de l'autre personne.

7. Manque d'empathie

- **Incapacité à comprendre les sentiments des autres**: Ils ont du mal à reconnaître ou à s'identifier aux sentiments et aux besoins des autres, rejetant ou ignorant souvent les expériences émotionnelles des autres.
- **Insensible et froid**: Leurs interactions peuvent paraître insensibles ou froides, en particulier dans des situations chargées d'émotion.

8. Envie et croyance que les autres les envient

- **Envieux des autres**: Les narcissiques se sentent souvent envieux des autres qui ont ce qu'ils désirent, qu'il s'agisse de succès, de beauté ou de relations.

- **Paranoïa à propos de l'envie des autres**: Ils peuvent également croire que les autres les envient, renforçant ainsi leur sentiment de supériorité et d'unicité.

9. Comportements arrogants et hautains

- **Attitudes condescendantes**: Ils font souvent preuve d'attitudes et de comportements condescendants, méprisent les autres et rejettent leurs contributions ou leurs réalisations.
- **Sentiment de supériorité**: Leur sentiment de supériorité imprègne leurs interactions, les faisant paraître arrogants et inaccessibles.

Identifier les signes et les signaux d'alarme

Reconnaître ces traits et comportements chez les individus peut aider à identifier précocement le narcissisme et à prendre les mesures appropriées pour se protéger. Voici quelques signaux d'alarme à surveiller :

Drapeau rouge 1 : besoin constant d'attention et d'admiration

- **Signes comportementaux**: Ils cherchent toujours à être le centre de l'attention, interrompant ou éclipsant souvent les autres pour attirer l'attention sur eux-mêmes.

- **Manipulation émotionnelle**: Ils peuvent utiliser la flatterie, le charme ou même la pitié pour susciter l'admiration et la validation des autres.

Drapeau rouge 2 : relations d'exploitation

- **Tactiques manipulatrices**: Ils utilisent des tactiques de manipulation pour obtenir ce qu'ils veulent des autres, souvent sans se soucier du bien-être de l'autre.
- **Relations unilatérales**: Leurs relations sont généralement unilatérales, le narcissique prenant bien plus qu'il ne donne.

Drapeau rouge 3 : manque d'empathie véritable

- **Réactions insensibles**: Ils réagissent de manière insensible aux émotions des autres, rejetant ou invalidant souvent leurs sentiments.
- **L'égocentrisme**: Leurs conversations et leurs actions tournent autour de leurs propres besoins et désirs, avec peu ou pas de considération pour les autres.

Drapeau rouge 4 : attentes et droits irréalistes

- **Comportement exigeant**: Ils ont des attentes élevées et souvent déraisonnables quant à la manière dont ils devraient être traités, et se mettent en colère ou éprouvent du ressentiment si ces attentes ne sont pas satisfaites.

- **Sentiment de mérite**: Ils croient qu'ils méritent un traitement spécial et des privilèges, quelles que soient leurs réalisations ou leurs contributions réelles.

Drapeau rouge 5 : Envie et compétitivité

- **Nature compétitive**: Ils sont très compétitifs et envieux des succès des autres, cherchant souvent à saper ou à surpasser ceux qu'ils considèrent comme des rivaux.
- **Projeter l'envie**: Ils peuvent accuser les autres de les envier, reflétant leurs propres insécurités et leur besoin de se sentir supérieurs.

L'identification des comportements narcissiques est la première étape dans la gestion des relations avec les personnes atteintes d'un trouble de la personnalité narcissique. En reconnaissant les traits communs et les signaux d'alarme, vous pouvez vous protéger et prendre des décisions éclairées sur la manière d'interagir avec les narcissiques. Dans les chapitres suivants, nous explorerons l'impact du narcissisme sur les relations et proposerons des stratégies pratiques pour gérer les narcissiques dans un cadre personnel et professionnel. En vous appuyant sur cette compréhension, vous serez mieux équipé pour naviguer dans les complexités des interactions avec les narcissiques et maintenir votre propre bien-être.

Styles de communication narcissique

Les narcissiques ont des styles de communication distinctifs qui reflètent leur nature égocentrique et leur besoin de contrôle, d'admiration et de validation. Comprendre ces styles de communication peut aider à reconnaître et à gérer les interactions avec les narcissiques.

Domination et contrôle

- **Interrompre**: Les narcissiques interrompent souvent les autres pendant les conversations pour ramener la discussion sur eux-mêmes ou pour affirmer leurs opinions.
- **Parler aux autres**: Ils peuvent parler à la place des autres, sans tenir compte de leur contribution et en veillant à ce que leur propre voix soit la plus forte et la plus entendue.
- **Monologues**: Au lieu de s'engager dans un dialogue équilibré, les narcissiques ont tendance à dominer les conversations avec de longs monologues sur leurs propres expériences, réalisations et opinions.

Manipulation et tromperie

- **Éclairage au gaz**: Les narcissiques utilisent le gaslighting pour faire douter les autres de leurs propres perceptions et souvenirs. Cette tactique de manipulation les aide à garder le contrôle et à éviter de rendre des comptes.
- **Mensonges et exagérations**: Ils mentent ou exagèrent fréquemment pour se présenter sous un jour favorable ou pour gagner l'admiration et le respect.
- **Jouer la victime**: Les narcissiques peuvent se présenter comme des victimes pour susciter de la sympathie et manipuler les autres pour qu'ils leur accordent attention et soutien.

Manque d'empathie

- **Remarques insensibles**: Ils font souvent des remarques insensibles qui ignorent ou invalident les sentiments et les expériences des autres.
- **Concentration sur soi**: Les conversations avec les narcissiques sont généralement centrées sur leurs propres besoins et désirs, sans se soucier du point de vue ou des émotions de l'autre personne.

Arrogance et condescendance

- **Déprécier les autres**: Les narcissiques peuvent rabaisser ou rabaisser les autres pour affirmer leur propre supériorité et renforcer leur estime de soi.

- **Ton condescendant**: Ils adoptent souvent un ton condescendant, s'adressant aux autres comme s'ils étaient inférieurs ou moins bien informés.

Charme et charisme

- **Flatterie et louange**: Les narcissiques peuvent être très charmants et utiliser la flatterie pour convaincre les gens et gagner leur confiance et leur admiration.
- **Amabilité superficielle**: Leur gentillesse est souvent superficielle et dépend de la volonté des autres de répondre à leurs besoins ou de leur apporter de l'admiration.

Études de cas

L'examen d'exemples réels de comportement narcissique peut fournir des informations précieuses sur la manière dont ces traits se manifestent dans différents contextes et sur l'impact qu'ils peuvent avoir sur les relations.

Étude de cas 1 : Le PDG charismatique

John est le PDG d'une entreprise technologique prospère. Il est connu pour sa personnalité charismatique et ses réalisations impressionnantes, qui lui ont valu l'admiration de ses employés et de ses pairs. Cependant, derrière cette façade se cache un individu profondément narcissique.

- **Comportement**: John s'attribue souvent le mérite du travail de ses employés, rejette leurs contributions et prend des décisions unilatérales sans consulter son équipe. Il est très compétitif et envieux des autres PDG à succès, les rabaissant souvent pour se sentir supérieurs.
- **Style de communication**: Lors des réunions, John domine la conversation, interrompant fréquemment les autres et ramenant les discussions vers ses propres idées et réalisations. Il utilise la flatterie pour convaincre les investisseurs et les membres du conseil d'administration, mais son charme s'estompe rapidement lorsque les choses ne se passent pas comme il le souhaite.
- **Impact**: Le comportement de John a créé un environnement de travail toxique, entraînant des taux de roulement élevés et un moral des employés déprimé. Son incapacité à sympathiser avec ses employés et à reconnaître leurs contributions a étouffé l'innovation et la collaboration au sein de l'entreprise.

Étude de cas 2 : Le parent autoritaire

Linda est mère de deux enfants et présente des signes classiques de narcissisme. Elle est trop impliquée dans la vie de ses enfants, exigeant à tout prix la perfection et le succès.

- **Comportement**: Linda compare constamment ses enfants aux autres, soulignant leurs défauts et les poussant à faire plus. Elle attend d'eux qu'ils réalisent ses propres ambitions non réalisées et qu'ils soient à la hauteur de ses normes élevées.
- **Style de communication**: Linda interrompt fréquemment ses enfants, ignorant leurs sentiments et leurs points de vue. Elle utilise la culpabilité et la manipulation pour contrôler leurs actions, jouant souvent le rôle de la victime pour gagner leur sympathie et leur complaisance.
- **Impact**: Le comportement de Linda a entraîné une détresse émotionnelle importante chez ses enfants. Ils souffrent d'une faible estime de soi, d'anxiété et d'une peur constante de l'échec. Son manque d'empathie et ses attentes irréalistes ont mis leur relation à rude épreuve et entravé leur développement émotionnel.

Étude de cas 3 : Le partenaire charmant

Michael est en couple avec Sarah, qui est d'abord tombée sous le charme et la confiance en elle. Cependant, à mesure que leur relation progressait, ses traits narcissiques sont devenus plus évidents.

- **Comportement**: Michael est très critique envers Sarah, soulignant fréquemment ses défauts et la faisant se sentir inadéquate. Il s'attend à ce qu'elle réponde à ses besoins et ignore souvent ses sentiments et ses opinions.
- **Style de communication**: Michael utilise le gaslighting pour manipuler Sarah, la faisant douter de ses propres perceptions et se sentir dépendante de lui. Il alterne entre charme et hostilité, la gardant déséquilibrée et incertaine de sa position.
- **Impact**: L'estime de soi de Sarah s'est effondrée et elle se sent piégée dans la relation. La manipulation et le manque d'empathie de Michael ont érodé son estime de soi et lui ont rendu difficile l'affirmation de ses propres besoins et de ses limites.

Dans les chapitres suivants, nous explorerons l'impact du narcissisme sur différents types de relations et proposerons des stratégies pratiques pour gérer les narcissiques dans un cadre personnel et professionnel. En vous appuyant sur les connaissances acquises dans ce chapitre, vous serez mieux équipé pour naviguer dans les complexités des interactions avec les narcissiques et maintenir votre propre bien-être.

Chapitre 4

Impact du narcissisme sur les relations

Le trouble de la personnalité narcissique (NPD) peut avoir un impact profond et souvent dévastateur sur les relations, tant personnelles que professionnelles. Dans ce chapitre, nous examinerons les effets du narcissisme sur la famille, les amis, les partenaires amoureux et la dynamique du lieu de travail. Nous explorerons également les conséquences émotionnelles et psychologiques pour les personnes impliquées dans des relations narcissiques.

Relations personnelles

Effets sur la famille

Le narcissisme peut perturber considérablement la dynamique familiale, créant un environnement toxique qui affecte tous les membres. Les problèmes clés comprennent :

- **Narcissisme parental**: Les parents atteints de NPD exigent souvent la perfection de la part de leurs enfants, les utilisant pour satisfaire leurs propres besoins non satisfaits d'admiration et de réussite. Cela peut conduire à :

- **Négligence émotionnelle**: Les besoins émotionnels des enfants sont souvent ignorés, ce qui entraîne des sentiments d'indignité et d'invisibilité.
- **Amour conditionnel**: L'amour et l'approbation sont donnés en fonction de la capacité de l'enfant à répondre aux attentes des parents, conduisant à une recherche constante de validation.
- **Rivalité fraternelle**: Le favoritisme et la comparaison peuvent favoriser une rivalité et un ressentiment intenses entre frères et sœurs.

- **Relations conjugales**: Un conjoint narcissique peut créer une dynamique de contrôle et de manipulation, caractérisée par :
  - **Abus émotionnel**: Les critiques constantes, le dénigrement et la manipulation érodent l'estime de soi du partenaire.
  - **Isolement**: Le narcissique peut isoler son partenaire de sa famille et de ses amis pour garder le contrôle.
  - **Volatilité**: La relation est souvent marquée par des cycles d'idéalisation et

de dévalorisation, conduisant à une instabilité émotionnelle.

Effets sur les amis

Les amitiés avec les narcissiques peuvent être épuisantes et unilatérales. Les problèmes courants incluent :

- **L'égocentrisme**: Les narcissiques dominent les conversations et recherchent l'attention, laissant peu de place au soutien mutuel.
- **Exploitation**: Les amis peuvent être utilisés pour leurs ressources, leur statut ou leurs relations sans réciprocité.
- **Manque d'empathie**: Les narcissiques montrent souvent peu d'intérêt pour les besoins et les problèmes de leurs amis, ce qui conduit à des sentiments de négligence et de frustration.

Effets sur les partenaires romantiques

Les relations amoureuses avec les narcissiques peuvent être particulièrement difficiles et dommageables. Les principales caractéristiques comprennent :

- **Bombardement d'amour**: Au début, les narcissiques peuvent inonder leurs partenaires d'affection et d'attention excessives, créant un faux sentiment d'intimité et de connexion.

- **Contrôle et manipulation**: Au fil du temps, ils exercent un contrôle par la manipulation, le gaslighting et la violence psychologique.
- **Érosion de l'estime de soi**: Les critiques et la dévalorisation constantes érodent l'estime de soi et le sentiment de valeur personnelle du partenaire.
- **Dépendance**: Le partenaire peut devenir émotionnellement dépendant du narcissique, rendant difficile la sortie de la relation malgré sa toxicité.

Relations professionnelles

Impact sur le lieu de travail

Le narcissisme peut créer un environnement de travail toxique et affecter considérablement la dynamique d'équipe et la progression de carrière. Les problèmes clés comprennent :

- **Microgestion et contrôle**: Les managers narcissiques microgèrent souvent les employés, étouffant la créativité et l'autonomie.
- **Vol de crédit**: Ils s'attribuent le mérite du travail des autres, sapant ainsi les contributions et les réalisations de leurs collègues.
- **Favorisisme et manipulation**: Ils peuvent recourir au favoritisme et à la manipulation pour

maintenir le pouvoir et le contrôle au sein de l'équipe.

- **Taux de rotation élevés**: L'environnement toxique créé par un leader narcissique peut entraîner un roulement de personnel élevé et une diminution de la satisfaction au travail.

Progression de carrière

Travailler avec ou pour un narcissique peut entraver la progression de carrière de plusieurs manières :

- **Sabotage**: Des collègues ou supérieurs narcissiques peuvent saboter les efforts des autres pour maintenir leur propre statut et leur contrôle.
- **Manque de reconnaissance**: Les contributions des employés peuvent ne pas être reconnues, ce qui a une incidence sur les promotions et l'avancement de carrière.
- **Stress et épuisement professionnel**: Le stress et les conséquences émotionnelles liées à la relation avec un narcissique peuvent conduire à l'épuisement professionnel et à une diminution de la productivité.

Conséquences émotionnelles et psychologiques

L'impact émotionnel et psychologique d'une relation avec un narcissique peut être grave et durable. Les conséquences courantes incluent :

Effets sur la santé mentale

- **Anxiété et dépression**: Une manipulation, des critiques et des abus émotionnels constants peuvent conduire à une anxiété chronique et à une dépression.
- **Faible estime de soi**: Le comportement du narcissique érode l'estime de soi de la victime, conduisant à des sentiments d'incapacité et à une faible estime de soi.
- **Trouble de stress post-traumatique (SSPT)**: Le traumatisme émotionnel résultant d'une exposition prolongée à des abus narcissiques peut entraîner un syndrome de stress post-traumatique, caractérisé par des flashbacks, des cauchemars et une anxiété sévère.

Effets cognitifs

- **Dissonance cognitive**: Les victimes peuvent éprouver une dissonance cognitive, luttant pour concilier la charmante façade du narcissique avec leur comportement abusif.

- **Effets d'éclairage au gaz**: Le gaslighting peut conduire à la confusion, au doute de soi et à un sens déformé de la réalité.

Effets comportementaux

- **Évitement et isolement**: Les victimes peuvent se retirer des interactions sociales et s'isoler pour éviter d'autres préjudices.
- **Hypervigilance**: Être constamment à l'affût et attentif aux signes de manipulation ou d'abus.

Récupération et guérison

Se remettre des effets de la maltraitance narcissique nécessite du temps, du soutien et des soins personnels. Les étapes clés comprennent :

- **Groupes de thérapie et de soutien**: La thérapie professionnelle et les groupes de soutien peuvent fournir une validation, une compréhension et des stratégies de guérison.
- **Soins auto-administrés**: S'engager dans des activités de soins personnels pour reconstruire l'estime de soi et le bien-être.
- **Fixer des limites**: Apprendre à fixer et à faire respecter des limites saines pour se protéger contre d'autres dommages.

L'impact du narcissisme sur les relations est profond et de grande envergure, affectant non seulement la dynamique personnelle et professionnelle, mais également le bien-être mental et émotionnel des personnes impliquées. Reconnaître les signes et comprendre les conséquences peut permettre aux individus de se protéger et de demander l'aide appropriée.

Dans les prochains chapitres, nous approfondirons les stratégies pratiques pour faire face aux narcissiques dans divers contextes. En s'appuyant sur les connaissances acquises dans ce chapitre, les lecteurs seront mieux équipés pour naviguer dans les complexités des interactions avec les narcissiques et maintenir leur propre bien-être.

Chapitre 5

Stratégies pour gérer les narcissiques dans les relations personnelles

Naviguer dans les relations personnelles avec les narcissiques nécessite une combinaison de conscience de soi, d'affirmation de soi et d'action stratégique. Ce chapitre fournit des stratégies détaillées pour fixer des limites et communiquer efficacement avec les narcissiques afin de protéger votre bien-être et de maintenir des interactions plus saines.

Fixer des limites

Fixer des limites est crucial lorsqu'il s'agit de narcissiques. Il aide à protéger votre bien-être mental et émotionnel en définissant quel comportement est acceptable et ce qui ne l'est pas. Voici quelques points clés sur l'importance de fixer des limites et des techniques pour le faire efficacement.

Importance de fixer des limites

- **Autoprotection**: Les limites vous protègent de la manipulation, de la violence émotionnelle et de l'exploitation.
- **Maintenir l'estime de soi**: Ils renforcent votre estime de soi et votre estime de soi, vous rappelant que vos besoins et vos sentiments comptent.
- **Promouvoir des interactions saines**: Des limites claires peuvent aider à établir une dynamique plus saine dans votre relation, réduisant ainsi le risque de conflit et d'abus.
- **Autonomisation**: Fixer et faire respecter des limites vous permet de prendre le contrôle de vos interactions et de faire valoir vos droits.

Techniques pour fixer des limites

1. **Identifiez vos limites**

   - **Réflexion personnelle**: Réfléchissez à vos valeurs, vos besoins et vos limites. Identifiez les comportements que vous ne tolérerez pas et ce qui est essentiel à votre bien-être.
   - **Écrivez-le**: Énumérez vos limites pour clarifier vos pensées et vous préparer aux discussions.

2. **Soyez clair et précis**

- Communication **explicite**: Communiquez clairement vos limites au narcissique. Soyez précis sur les comportements inacceptables et sur les conséquences si les limites sont franchies.
- **Messagerie cohérente**: Assurez-vous que votre message est cohérent. Réitérez vos limites si nécessaire pour renforcer leur importance.

3. **Utilisez les déclarations « I »**

- **Propriété des sentiments**: Utilisez des déclarations « je » pour exprimer comment le comportement du narcissique vous affecte. Cela réduit la probabilité qu'ils se sentent attaqués et deviennent sur la défensive.
- **Exemples**: "Je ne me sens pas respecté lorsque vous m'interrompez. J'ai besoin que vous me laissiez finir de parler."

4. **Restez calme et assertif**

- **Calme**: Maintenez une attitude calme et affirmée lorsque vous discutez des limites. Évitez de devenir émotif ou sur la défensive, car cela pourrait aggraver la situation.

- Fermeté: Soyez ferme et assertif dans le respect de vos limites. La cohérence est essentielle pour garantir leur respect.

5.   **Définir les conséquences**

- **Des conséquences claires**: Décrivez clairement les conséquences si vos limites sont franchies. Assurez-vous que ces conséquences sont raisonnables et exécutoires.
- **Suivre**: Appliquez les conséquences de manière cohérente si le narcissique viole vos limites. Cela renforce le sérieux de vos limites.

6.   **Rechercher de l'aide**

- **Réseau d'assistance**: Entourez-vous d'amis, de membres de la famille ou d'un thérapeute qui vous soutiennent qui peuvent vous apporter validation et encouragement pendant que vous naviguez dans votre relation avec un narcissique.
- **Aide professionnelle**: Envisagez de demander l'aide d'un professionnel pour élaborer des stratégies efficaces pour

établir des limites et faire face à l'impact émotionnel.

Communication efficace

Une communication efficace est essentielle lorsqu'il s'agit de narcissiques. Une communication assertive peut vous aider à exprimer clairement vos besoins et vos sentiments tout en réduisant le risque d'escalade et de conflit.

Stratégies de communication assertive

1. **Restez calme et posé**

   - **Régulation émotionnelle**: Pratiquez des techniques de régulation émotionnelle telles que la respiration profonde ou la pleine conscience pour rester calme lors des interactions avec le narcissique.
   - **Pause et réflexion**: Prenez un moment pour faire une pause et réfléchir avant de répondre afin de vous assurer que votre communication est mesurée et intentionnelle.

2. **Soyez direct et honnête**

- **Clarté**: Soyez direct et honnête en exprimant vos pensées et vos sentiments. Évitez de tourner autour du pot ou d'édulcorer votre message.
- **Transparence**: La transparence favorise la compréhension mutuelle et réduit le risque de mauvaise interprétation ou de manipulation.

3. Utilisez les déclarations « I »

- **Responsabilité personnelle**: Utilisez les déclarations « je » pour assumer la responsabilité de vos sentiments et réduire la probabilité que le narcissique se sente attaqué.
- **Exemples**: "Je me sens frustré lorsque vous ignorez mes inquiétudes. J'ai besoin que vous m'écoutiez sans m'interrompre."

4. Maintenir le contact visuel et le langage corporel

- **Confiance**: Maintenez un contact visuel et utilisez un langage corporel confiant pour transmettre votre assurance et votre confiance en vous.
- **Indices non verbaux**: Des signaux non verbaux tels qu'un hochement de tête et

une posture corporelle ouverte peuvent renforcer votre message et montrer que vous êtes engagé et sérieux.

5.   Évitez de vous disputer ou de vous défendre

- ○ **De-escalation**: Évitez de vous lancer dans des disputes ou de vous défendre contre des accusations sans fondement. Cela peut aggraver la situation et donner plus de contrôle au narcissique.
- ○ **Restez concentré**: Restez concentré sur votre message et reformulez calmement vos limites ou vos besoins si le narcissique tente de faire dérailler la conversation.

6.   Fixer des limites de temps

- ○ **Gestion du temps**: Fixez des limites de temps pour les conversations avec le narcissique afin d'éviter les interactions prolongées qui peuvent devenir épuisantes ou improductives.
- ○ **Stratégies de sortie**: Mettez en place une stratégie de sortie si la conversation devient trop animée ou improductive,

comme faire une pause ou mettre fin à la discussion.

7. **Rechercher une médiation si nécessaire**

- **Médiation par un tiers**: Dans les cas où la communication directe est inefficace, envisagez de demander la médiation d'un tiers neutre, comme un thérapeute ou un conseiller.
- **Communication structurée**: La médiation peut fournir un environnement structuré pour la communication et contribuer à faciliter la compréhension et la résolution.

Soins personnels et soutien

Maintenir son bien-être personnel est crucial lorsqu'on a affaire à un narcissique. Le bilan émotionnel de telles relations peut être important, ce qui fait que les soins personnels et la recherche de soutien sont des éléments essentiels de votre stratégie.

Maintenir le bien-être personnel

1. **Donner la priorité aux soins personnels**

- ○ **Santé physique**: Faites de l'exercice régulièrement, adoptez une alimentation équilibrée et dormez suffisamment pour maintenir votre santé physique. Le bien-être physique peut avoir un impact significatif sur votre résilience émotionnelle.
- ○ **Santé mentale**: Pratiquez la pleine conscience, la méditation ou le yoga pour réduire le stress et améliorer la clarté mentale. Tenir un journal peut également vous aider à gérer vos émotions et vos expériences.

## 2.	Participez à des activités que vous aimez

- ○ **Passe-temps et intérêts**: Poursuivez des passe-temps et des activités qui vous apportent joie et épanouissement. Cela peut vous aider à conserver un sens de vous-même et un but en dehors de la relation.
- ○ **Points de vente créatifs**: Participez à des activités créatives comme la peinture, l'écriture ou la musique pour vous exprimer et soulager le stress.

## 3.	Réservez du temps pour la détente

- **Techniques de relaxation**: Intégrez des techniques de relaxation telles que des exercices de respiration profonde, une relaxation musculaire progressive ou des images guidées dans votre routine quotidienne.
- **Temps d'arrêt**: Assurez-vous de disposer de temps d'arrêt réguliers pour vous détendre et vous ressourcer. Cela peut aider à prévenir l'épuisement professionnel et à maintenir votre équilibre émotionnel.

4. **Rechercher de l'aide professionnelle**

- **Thérapeutes et conseillers**: Un thérapeute ou un conseiller peut fournir un espace sûr pour discuter de vos sentiments, proposer des stratégies pour faire face au narcissique et vous aider à développer votre résilience émotionnelle.
- **Groupes de soutien**: Rejoignez des groupes de soutien pour les personnes confrontées à des relations narcissiques. Partager des expériences avec d'autres personnes qui comprennent peut apporter une validation et un encouragement.

Construire un réseau de soutien

1.   **Confiez-vous à des amis et à la famille de confiance**

- o **Communication ouverte**: Partagez vos expériences avec des amis de confiance et des membres de votre famille qui peuvent vous offrir soutien et compréhension.
- o **Soutien émotionnel**: Appuyez-vous sur votre réseau de soutien pour un soutien émotionnel dans les moments difficiles. Ils peuvent procurer un sentiment de stabilité et de réconfort.

2.   **Établissez des limites avec votre réseau de soutien**

- o **Des limites saines**: Lorsque vous recherchez de l'aide, assurez-vous de maintenir des limites saines avec votre réseau de soutien pour éviter de le surcharger.
- o **Relations réciproques**: Favorisez les relations réciproques dans lesquelles vous offrez également soutien et compréhension à vos amis et à votre famille.

3.   **Utiliser les ressources en ligne**

- ○ **Communautés en ligne**: Participez à des forums et des communautés en ligne dédiés au soutien des individus dans des relations narcissiques.
- ○ **Ressources pédagogiques**: Accédez à des articles, des livres et des vidéos en ligne pour vous renseigner sur le NPD et les stratégies d'adaptation efficaces.

Quand s'éloigner

Savoir quand il est temps de mettre fin à une relation avec un narcissique est crucial pour votre bien-être à long terme. Parfois, malgré tous vos efforts, la relation peut être trop dommageable pour continuer.

Signes qu'il est temps de mettre fin à la relation

1. **Dommages émotionnels et psychologiques persistants**

- ○ **Stress chronique et anxiété**: Si la relation provoque constamment des niveaux élevés de stress, d'anxiété ou de dépression, il est peut-être temps de s'en aller.
- ○ **Érosion de l'estime de soi**: La manipulation continue, les critiques et la violence émotionnelle qui érodent votre

estime de soi et votre estime de soi sont des indicateurs forts que la relation est nocive.

2. **Manque de respect des frontières**

- **Violations des limites**: Si le narcissique viole vos limites à plusieurs reprises malgré une communication claire et des conséquences, cela suggère un manque de respect et une volonté de changer.
- **Escalade des tactiques de manipulation**: Une augmentation des comportements manipulateurs tels que le gaslighting, le mensonge ou la culpabilisation indique une dynamique toxique qui a peu de chances de s'améliorer.

3. **Refus de demander de l'aide ou de changer**

- **Déni et blâme**: Si le narcissique refuse de reconnaître son comportement ou vous blâme systématiquement pour les problèmes de la relation, un changement est peu probable.
- **Résistance à la thérapie**: Le refus de rechercher une thérapie ou une aide

professionnelle pour remédier à leur comportement est un signal d'alarme important.

4. **Impact sur d'autres relations et responsabilités**

- ○ **Isolement**: Si la relation vous isole d'autres relations importantes, comme avec les amis et la famille, elle nuit à votre système de soutien social.
- ○ **Négligence des responsabilités**: Si la relation vous amène à négliger des responsabilités importantes, comme le travail ou les engagements personnels, cela a un impact négatif sur votre vie.

Étapes pour mettre fin à la relation

1. **Préparez-vous émotionnellement et pratiquement**

- ○ **Préparation émotionnelle**: Assurez-vous que vous êtes émotionnellement prêt à mettre fin à la relation. Recherchez le soutien d'un thérapeute ou d'amis de confiance pour renforcer votre confiance.
- ○ **Préparations pratiques**: Effectuer des préparatifs pratiques tels que trouver un

endroit sûr où séjourner, rassembler les documents importants et garantir l'indépendance financière.

2. Communiquer clairement et fermement

- **Communication directe**: Communiquez clairement et fermement votre décision de mettre fin à la relation. Évitez les longues explications ou justifications.
- **Rester calme**: Restez calme et posé pendant la conversation pour éviter toute escalade ou manipulation.

3. N'établir aucun contact si nécessaire

- **Aucune règle de contact**: Mettez en œuvre une règle d'interdiction de contact pour empêcher toute manipulation ultérieure ou tentative de vous ramener dans la relation.
- **Bloquer les canaux de communication**: Bloquez le narcissique sur tous les canaux de communication, y compris le téléphone, les e-mails et les réseaux sociaux, pour maintenir la distance.

4.   **Recherchez une protection juridique si nécessaire**

- o **Conseils juridiques**: Si la relation constitue une menace pour votre sécurité, demandez un avis juridique pour obtenir des ordonnances de non-communication ou d'autres mesures de protection.
- o **Documentation**: Documentez tout comportement abusif ou menaçant pour étayer votre cas si une intervention juridique est nécessaire.

5.   **Concentrez-vous sur la guérison et le rétablissement**

- o **Soutien thérapeutique**: Engagez-vous dans une thérapie pour traiter vos émotions, reconstruire votre estime de soi et développer des mécanismes d'adaptation sains.
- o **Reconstruisez votre vie**: Concentrez-vous sur la reconstruction de votre vie en renouant avec des amis et une famille qui vous soutiennent, en poursuivant vos intérêts et en vous fixant de nouveaux objectifs.

Faire face aux narcissiques dans les relations personnelles nécessite une combinaison de fixation de limites, de communication efficace, de soins personnels et de soutien. Savoir quand il est temps de s'éloigner est crucial pour protéger votre bien-être et atteindre la liberté émotionnelle. En mettant en œuvre les stratégies décrites dans ce chapitre, vous pouvez naviguer dans ces relations difficiles et donner la priorité à votre propre santé et à votre bonheur.

Dans les prochains chapitres, nous explorerons des stratégies pour gérer les narcissiques dans un cadre professionnel et fournirons des outils et des techniques supplémentaires pour maintenir votre santé mentale et émotionnelle. En vous appuyant sur les connaissances et les compétences acquises dans ce chapitre, vous serez mieux équipé pour gérer les interactions avec les narcissiques et maintenir votre propre bien-être.

Chapitre 6

Stratégies pour gérer les narcissiques dans les relations professionnelles

Naviguer dans les relations professionnelles avec des narcissiques peut être difficile et stressant. Ce chapitre propose des stratégies pratiques pour gérer les attentes et résoudre les conflits sur le lieu de travail afin de maintenir un environnement de travail sain et de protéger votre carrière.

Gérer les attentes

Comprendre et gérer vos attentes face à des collègues ou supérieurs narcissiques est crucial pour maintenir votre bien-être et votre intégrité professionnelle.

Des attentes réalistes sur le lieu de travail

1. **Reconnaître les traits narcissiques**

   o **Conscience**: Soyez conscient des traits narcissiques courants tels qu'un sentiment de droit, un manque d'empathie et un besoin constant d'admiration. Reconnaître ces caractéristiques peut vous aider à gérer vos interactions plus efficacement.

- **Comportement prédictif**: Comprenez que les narcissiques peuvent donner la priorité à leurs propres besoins et programmes, souvent aux dépens des autres. Cette prise de conscience peut vous aider à anticiper leur comportement et à planifier en conséquence.

2. **Fixez-vous des objectifs réalistes**

- **Ajuster les attentes**: Fixez-vous des objectifs réalistes pour vos interactions avec le narcissique. Comprenez qu'il est peu probable que leur comportement change de manière significative et concentrez-vous sur ce que vous pouvez contrôler.
- **Limites professionnelles**: Établir des limites professionnelles claires. Définissez quel comportement vous tolérerez et ce qui est inacceptable sur le lieu de travail.

3. **Priorisez vos responsabilités**

- **Concentrez-vous sur votre travail**: Concentrez-vous sur vos tâches et responsabilités. Évitez de vous laisser entraîner dans le drame ou les manipulations du narcissique.
- **Maintenir le professionnalisme**: Faites toujours preuve de professionnalisme dans vos interactions. Ne laissez pas le comportement du narcissique affecter votre performance ou votre conduite.

4. **Interactions avec les documents**

- **Tenir des registres**: Documentez toutes les interactions significatives avec le narcissique, en particulier celles impliquant des conflits ou des demandes déraisonnables. Cette documentation peut être utile si vous devez faire remonter le problème ou demander l'aide des RH.
- **Communication par courrier électronique**: Utilisez le courrier électronique pour les communications importantes afin d'avoir un enregistrement écrit des demandes, des réponses et des décisions.

Résolution des conflits

Des techniques efficaces de résolution des conflits sont essentielles lorsqu'il s'agit de narcissiques sur le lieu de travail. Ces stratégies peuvent vous aider à résoudre les problèmes de manière constructive et à maintenir un environnement de travail positif.

Techniques de résolution des conflits

1. **Restez calme et objectif**

   - **Régulation émotionnelle**: Pratiquez des techniques de régulation émotionnelle telles que la respiration profonde ou la pleine conscience pour rester calme pendant les conflits.
   - **Objectivité**: Abordez le conflit en vous concentrant sur les faits et les observations objectives plutôt que sur les émotions.

2. **Utiliser la communication assertive**

   - **Clair et direct**: Communiquez vos préoccupations clairement et directement en utilisant des déclarations « I ». Par exemple : « Je me sens inquiet lorsque les délais ne sont pas respectés, car cela affecte les performances de notre équipe ».

- o **Fermeté**: Soyez ferme et assertif dans l'expression de vos besoins et de vos limites. Évitez d'être passif ou agressif.

3. **Rechercher un terrain d'entente**

- o **Approche collaborative**: Recherchez les domaines d'intérêt commun ou de bénéfice mutuel. Proposez des solutions qui répondent à la fois à vos besoins et aux désirs du narcissique.
- o **Solutions gagnant-gagnant**: Visez des solutions gagnant-gagnant qui peuvent satisfaire les deux parties. Par exemple, convenir de délais et de responsabilités clairs qui profitent à la performance de l'équipe.

4. **Fixer des limites claires**

- o **Définir les limites**: Définissez clairement quel comportement est acceptable et ce qui ne l'est pas. Communiquez ces limites au narcissique et appliquez-les systématiquement.
- o **Conséquences**: Établir et communiquer les conséquences du franchissement des frontières. Par exemple : « Si les délais ne sont pas respectés, nous devrons

impliquer le chef de projet pour résoudre le problème. »

5.   **Impliquer un médiateur**

- ○ **Médiation par un tiers**: Si une résolution directe n'est pas possible, impliquez un tiers neutre tel qu'un superviseur, un représentant des ressources humaines ou un médiateur professionnel.
- ○ **Réunions structurées**: Tenir des réunions structurées avec le médiateur pour discuter du conflit et des solutions potentielles dans un environnement contrôlé.

6.   **Concentrez-vous sur les solutions, pas sur le blâme**

- ○ **Résolution de problèmes**: Concentrez-vous sur la recherche de solutions plutôt que sur la responsabilité. Cette approche peut contribuer à désamorcer le conflit et encourager la collaboration.
- ○ **Orienté vers l'avenir**: Concentrez-vous sur ce qui peut être fait à l'avenir pour prévenir des problèmes similaires, plutôt

que de vous attarder sur les conflits passés.

7. **Protégez votre bien-être**

   ○ **Rechercher de l'aide**: Recherchez le soutien de collègues de confiance, de mentors ou d'un conseiller professionnel pour faire face au stress et à l'impact émotionnel de la relation avec un narcissique.
   ○ **Soins auto-administrés**: Participez à des activités de soins personnels en dehors du travail pour maintenir votre santé mentale et émotionnelle.

Construire un réseau de soutien

Un réseau de soutien solide est inestimable lorsqu'il s'agit de personnes narcissiques sur le lieu de travail. Les collègues et les mentors peuvent vous fournir des conseils, une validation et un soutien pratique, vous aidant ainsi à naviguer dans les complexités de ces interactions difficiles.

Rechercher le soutien de collègues et de mentors

1. **Identifiez des collègues de confiance**

- o **Observer le comportement**: Recherchez des collègues qui font preuve d'empathie, de fiabilité et de professionnalisme. Ces personnes sont plus susceptibles de fournir des commentaires positifs et constructifs.
- o **Établir des relations**: Favoriser les relations avec ces collègues grâce à la collaboration sur des projets, aux conversations informelles et au soutien mutuel.

2. **Communiquer ouvertement**

- o **Partager des expériences**: Partagez ouvertement vos expériences et vos préoccupations concernant le narcissique avec des collègues de confiance. Cela peut fournir une validation et des perspectives différentes sur la situation.
- o **Demander conseil**: Demandez des conseils sur la façon de gérer des situations spécifiques. Les collègues qui ont fait face à des défis similaires peuvent offrir des idées et des stratégies précieuses.

3. **Utiliser la dynamique d'équipe**

- **La force du nombre**: En équipe, alignez-vous avec les autres membres de l'équipe pour assurer un front uni. Cela peut réduire la capacité du narcissique à manipuler ou à dominer le groupe.
- **Environnement favorable**: Créer un environnement de travail favorable où les membres de l'équipe se sentent en sécurité pour exprimer leurs préoccupations et se soutenir mutuellement.

4. **Engagez-vous avec des mentors**

- **Choisissez judicieusement**: Sélectionnez des mentors qui ont de l'expérience avec des personnalités difficiles et peuvent fournir des conseils pour naviguer dans la dynamique du lieu de travail.
- **Enregistrements réguliers**: Planifiez des enregistrements réguliers avec votre mentor pour discuter de vos progrès, de vos défis et de vos stratégies pour faire face au narcissique.

5. **Participer à des réseaux professionnels**

- **Rejoindre des associations**: Rejoignez des associations ou des réseaux professionnels liés à votre domaine.

Ceux-ci peuvent fournir un soutien, des ressources et des opportunités supplémentaires de développement professionnel.

- o **Assister à des événements**: Participez à des événements de réseautage, à des ateliers et à des conférences pour créer un réseau de soutien plus large et acquérir de nouvelles connaissances.

Considérations juridiques et RH

Comprendre vos droits légaux et savoir quand impliquer les ressources humaines (RH) est crucial face à un comportement narcissique sur le lieu de travail. Cette section fournit des conseils pour naviguer dans ces aspects afin de vous protéger et de maintenir un environnement de travail sûr.

Connaître vos droits

1. **Familiarisez-vous avec les politiques de l'entreprise**

   - o **Manuel de l'employé**: Consultez le manuel de l'employé ou le code de conduite de votre entreprise pour comprendre les politiques liées au

comportement au travail, au harcèlement
et à la résolution des conflits.

- o **Politiques de tolérance zéro**: Faites
  attention aux politiques en matière de
  harcèlement, d'intimidation et de
  discrimination. Ces politiques fournissent
  souvent un cadre pour lutter contre les
  comportements narcissiques.

2. **Comprendre les protections juridiques**

- o **Lois du travail**: Familiarisez-vous avec
  les lois et réglementations du travail de
  votre région qui protègent les employés
  contre le harcèlement, la discrimination et
  les traitements injustes.
- o **Protection des lanceurs d'alerte**:
  Renseignez-vous sur les protections
  accordées aux lanceurs d'alerte si vous
  devez signaler un comportement contraire
  à l'éthique ou illégal.

3. **Documenter les incidents**

- o **Dossiers détaillés**: Gardez des
  enregistrements détaillés de toutes les
  interactions problématiques avec le
  narcissique. Incluez les dates, les heures,

les comportements spécifiques et tous les témoins présents.

- ○ **Journaux de communications**: Enregistrez les e-mails, messages et autres communications illustrant le comportement du narcissique et son impact sur votre travail.

Quand impliquer les RH

1. **Évaluer la situation**

   - ○ **Gravité et fréquence**: Tenez compte de la gravité et de la fréquence du comportement narcissique. Un comportement persistant et nuisible qui affecte votre bien-être ou vos performances au travail justifie l'implication des RH.
   - ○ **Impact sur le travail**: Évaluez l'impact du comportement sur votre travail et l'environnement de travail. Si cela crée un environnement de travail hostile, il est temps d'agir.

2. **Préparez votre dossier**

   - ○ **Documentation**: Rassemblez toute la documentation sur le comportement du narcissique, y compris les enregistrements des incidents, les journaux de communication et les déclarations de tous les témoins.

- ○ **Exemples spécifiques**: Soyez prêt à fournir des exemples spécifiques de la façon dont le comportement viole les politiques de l'entreprise et affecte votre travail.

3. **Planifier une réunion avec les RH**

- ○ **Plainte formelle**: Planifiez une réunion avec un représentant des RH pour discuter formellement de vos préoccupations. Présentez clairement et calmement votre cas, en vous concentrant sur les faits et les incidents documentés.
- ○ **Demander la confidentialité**: Demandez la confidentialité pour vous protéger d'éventuelles représailles.

4. **Suivi**

- ○ **Surveiller les progrès**: Après avoir fait rapport aux RH, surveillez la situation pour voir s'il y a des améliorations ou d'autres mesures prises par les RH.

- **Modifications des documents**: Continuez à documenter toute interaction et tout changement de comportement suite à votre signalement.

5. **Escalader si nécessaire**

    - **Autorités supérieures**: Si la situation ne s'améliore pas ou si les RH ne prennent pas les mesures appropriées, envisagez de transmettre le problème aux autorités supérieures de l'entreprise.
    - **Ressources externes**: Dans les cas graves, recherchez des ressources externes telles que des conseils juridiques ou contactez les organismes de réglementation pour obtenir une assistance supplémentaire.

Construire un réseau de soutien et comprendre les considérations juridiques et RH sont des stratégies essentielles pour gérer les narcissiques dans les relations professionnelles. En recherchant le soutien de collègues et de mentors et en connaissant vos droits, vous pourrez mieux naviguer dans cette dynamique difficile et protéger votre bien-être professionnel.

Dans les prochains chapitres, nous explorerons des outils et techniques supplémentaires pour maintenir votre santé mentale et émotionnelle, ainsi que des stratégies pour faire face aux narcissiques dans divers contextes. En vous appuyant sur les connaissances et les compétences acquises dans ce chapitre, vous serez mieux équipé pour gérer les interactions avec les narcissiques et maintenir votre bien-être dans un cadre personnel et professionnel.

Chapitre 7

Guérison des abus narcissiques

Guérir d'un abus narcissique est un voyage profond qui implique de reconnaître l'abus, de comprendre son impact et de mettre en œuvre des stratégies efficaces de rétablissement. Ce chapitre fournit un guide complet pour identifier les signes d'abus narcissique et décrit les étapes pour faciliter votre processus de guérison.

Reconnaître l'abus narcissique

L'abus narcissique est souvent insidieux, érodant progressivement l'estime de soi et le bien-être de la victime. Comprendre les signes d'abus narcissique est la première étape vers la guérison.

Identifier les signes d'abus

1. **Manipulation émotionnelle**

   - **Éclairage au gaz**: Le narcissique déforme la réalité, vous faisant douter de vos perceptions et de vos souvenirs. Cela entraîne de la confusion, de l'anxiété et une perte de confiance en soi.

- **Déplacement des reproches**: Le narcissique vous blâme constamment pour les problèmes, détournant la responsabilité et vous faisant culpabiliser pour son comportement.

2. **Contrôle et domination**

- **Isolement**: Le narcissique peut vous isoler de vos amis, de votre famille et d'autres systèmes de soutien pour accroître votre dépendance à leur égard.
- **Microgestion**: Ils exercent un contrôle excessif sur vos actions, vos décisions et même vos pensées, minant votre autonomie et votre confiance en vous.

3. **Dévaluation et critique**

- **Critique constante**: Les critiques fréquentes et sévères visant vos capacités, votre apparence ou votre caractère érodent votre estime de soi et votre confiance.
- **Humiliation publique**: Le narcissique peut vous humilier ou vous rabaisser devant les autres pour affirmer sa domination et son contrôle.

4.   **Comportement incohérent**

- ○ **Traitement chaud et froid**: Le narcissique alterne entre affection et hostilité, créant des montagnes russes émotionnelles qui vous maintiennent déséquilibré et dépendant.
- ○ **Promesses et déceptions**: Ils font des promesses qu'ils ne tiennent pas, favorisant un cycle d'espoir et de déception qui érode votre confiance et votre stabilité.

5.   **Symptômes émotionnels et psychologiques**

- ○ **Anxiété et dépression**: Une exposition prolongée à des abus narcissiques peut entraîner une anxiété chronique, une dépression et d'autres problèmes de santé mentale.
- ○ **Symptômes du SSPT**: Vous pourriez ressentir des symptômes de trouble de stress post-traumatique (SSPT), tels que des flashbacks, une hypervigilance et un engourdissement émotionnel.

6.   **Symptômes physiques**

- ○ **Maladies liées au stress**: Le stress chronique de l'abus narcissique peut se manifester par des maux physiques tels que des maux de tête, des problèmes gastro-intestinaux et une fatigue chronique.
- ○ **Troubles du sommeil**: Des difficultés à dormir ou des cauchemars peuvent être le résultat des troubles émotionnels causés par la maltraitance.

Étapes vers la récupération

La guérison de la maltraitance narcissique implique une approche à multiples facettes qui aborde le bien-être émotionnel, psychologique et physique. Voici quelques stratégies et techniques efficaces pour faciliter votre rétablissement.

Stratégies et techniques de guérison

1. **Reconnaître l'abus**

   - ○ **Acceptez la réalité**: Reconnaissez que vous avez été victime d'abus narcissique. Reconnaître les abus est essentiel pour avancer.
   - ○ **Instruisez-vous**: Découvrez l'abus narcissique et ses effets. Comprendre la

dynamique de la maltraitance peut valider vos expériences et renforcer votre processus de guérison.

2. **Demander de l'aide professionnelle**

   o **Thérapeutes et conseillers**: Engagez-vous avec un thérapeute ou un conseiller expérimenté dans le rétablissement des traumatismes et des abus. Ils peuvent fournir des conseils et un soutien personnalisés.
   o **Groupes de soutien**: Rejoignez des groupes de soutien pour les survivants d'abus narcissiques. Partager vos expériences avec d'autres personnes qui comprennent peut apporter validation et solidarité.

3. **Reconstruire l'estime de soi**

   o **Affirmations positives**: Pratiquez des affirmations positives pour contrecarrer le discours intérieur négatif inculqué par le narcissique. Rappelez-vous votre valeur et vos capacités.
   o **Fixer des objectifs**: Fixez-vous des objectifs réalisables pour reconstruire

votre confiance. Célébrez les petites victoires et les progrès.

4.   **Établir des limites**

- ○ **Définir les limites**: Définissez clairement vos limites personnelles et communiquez-les avec assurance. Protégez votre espace émotionnel et physique.
- ○ **Appliquer les limites**: Appliquez systématiquement vos limites. Soyez prêt à vous éloigner des personnes qui ne les respectent pas.

5.   **Soins personnels et bien-être**

- ○ **Soins personnels physiques**: Faites de l'exercice régulièrement, maintenez une alimentation équilibrée et assurez-vous de dormir suffisamment. La santé physique soutient la résilience émotionnelle.
- ○ **Soins personnels émotionnels**: Pratiquez la pleine conscience, la méditation ou le yoga pour réduire le stress et améliorer le bien-être émotionnel. Tenir un journal peut vous aider à traiter vos pensées et vos émotions.

6. **Renouer avec ses proches**

- ○ **Reconstruire les relations**: Renouez avec des amis et des membres de votre famille qui vous soutiennent. Entretenez des relations qui apportent amour, compréhension et stabilité.
- ○ **Communiquer ouvertement**: Partagez votre parcours et vos expériences avec des personnes de confiance. Une communication ouverte peut renforcer votre réseau de soutien.

7. **Développer des stratégies d'adaptation**

- ○ **Pleine conscience et relaxation**: Intégrez des techniques de pleine conscience et de relaxation à votre routine quotidienne pour gérer le stress et l'anxiété.
- ○ **Points de vente sains**: Trouvez des exutoires sains pour vos émotions, comme des activités créatives, des passe-temps ou de l'exercice physique.

8. **Favoriser l'indépendance**

- ○ **Indépendance financière**: Travaillez vers l'indépendance financière pour réduire toute dépendance restante à l'égard du narcissique. Cela peut procurer un sentiment de sécurité et d'autonomisation.

- **Prise de décision**: Entraînez-vous à prendre des décisions de manière indépendante. Faites confiance à votre jugement et à votre intuition pour reconstruire votre estime de soi.

9. **En quête de justice**

- **Action en justice**: En cas d'abus grave, envisagez d'intenter une action en justice pour vous protéger et demander des comptes à l'agresseur.
- **Plaidoyer**: Défendez votre défense et celle des autres qui ont subi des abus narcissiques. Partager votre histoire peut sensibiliser les gens et contribuer à la guérison collective.

Interventions thérapeutiques

La thérapie peut jouer un rôle crucial dans le processus de rétablissement après un abus narcissique. Différents types de thérapie offrent divers avantages, vous aidant à traiter vos expériences, à guérir vos blessures émotionnelles et à développer une estime de soi plus saine.

Types de thérapie et leurs avantages

1. **Thérapie cognitivo-comportementale (TCC)**

   ○ **Se concentrer**: La TCC vous aide à identifier et à remettre en question les schémas de pensée et les comportements négatifs. Il est particulièrement efficace pour lutter contre les pensées déformées qui résultent souvent des abus narcissiques.

   ○ **Avantages**: Cette thérapie peut réduire les symptômes d'anxiété et de dépression, améliorer la régulation émotionnelle et augmenter l'estime de soi en favorisant des schémas de pensée plus sains.

2. **Thérapie comportementale dialectique (TCD)**

   ○ **Se concentrer**: DBT combine des techniques cognitivo-comportementales avec des pratiques de pleine conscience. Il est conçu pour vous aider à gérer des émotions intenses et à améliorer vos relations.

   ○ **Avantages**: La TCD fournit des compétences de régulation émotionnelle, de tolérance à la détresse et de communication interpersonnelle efficace, qui sont essentielles pour se remettre de la manipulation émotionnelle vécue lors de l'abus narcissique.

3. **Désensibilisation et retraitement des mouvements oculaires (EMDR)**

- **Se concentrer**: L'EMDR est utilisé pour traiter et réduire la détresse associée aux souvenirs traumatiques. Il est particulièrement efficace pour les symptômes du SSPT.
- **Avantages**: Cette thérapie peut aider à diminuer l'impact émotionnel des souvenirs traumatisants, en réduisant les flashbacks et les pensées intrusives liées à la maltraitance.

4. **Thérapie psychodynamique**

- **Se concentrer**: La thérapie psychodynamique explore les processus inconscients qui influencent votre comportement et vos émotions, découlant souvent d'expériences précoces de la vie.
- **Avantages**: Cette thérapie peut fournir des informations approfondies sur les

causes profondes de votre douleur émotionnelle, vous aidant à comprendre et à changer les schémas de longue date influencés par la relation narcissique.

5. **Thérapie humaniste**

- **Se concentrer**: La thérapie humaniste met l'accent sur la croissance personnelle et la réalisation de soi. Il se concentre sur votre capacité d'auto-guérison et de développement personnel.
- **Avantages**: Cette thérapie peut améliorer la conscience de soi, l'acceptation de soi et la croissance personnelle, favorisant une estime de soi plus forte et plus positive.

6. **Thérapie de soutien**

- **Se concentrer**: La thérapie de soutien fournit un soutien émotionnel et des conseils pratiques dans un environnement sans jugement.
- **Avantages**: Cette approche peut vous aider à vous sentir validé et soutenu tout au long du processus de guérison, en vous offrant des outils pratiques pour gérer les défis quotidiens.

7. **Thérapie de groupe**

- ○ **Se concentrer**: La thérapie de groupe consiste à rencontrer d'autres personnes ayant subi des formes d'abus similaires, facilitées par un thérapeute qualifié.
- ○ **Avantages**: Le partage d'expériences en groupe peut réduire les sentiments d'isolement, offrir de multiples perspectives et favoriser un sentiment de communauté et de soutien mutuel.

8. **Art-thérapie**

- ○ **Se concentrer**: L'art-thérapie utilise des processus créatifs pour aider à exprimer et à traiter les émotions.
- ○ **Avantages**: Cette thérapie peut être particulièrement utile pour ceux qui ont du mal à verbaliser leurs sentiments, offrant un exutoire non verbal pour l'expression émotionnelle et la guérison.

Renforcer la résilience

La résilience est la capacité de rebondir face à l'adversité. Développer la force émotionnelle et la résilience est un élément clé du processus de guérison après avoir subi un abus narcissique.

Développer la force émotionnelle et la résilience

1. **Pleine conscience et méditation**

   - **Pratiques de pleine conscience**: Participez à des pratiques de pleine conscience telles que la méditation, des exercices de respiration profonde et des mouvements conscients (comme le yoga) pour rester présent et réduire le stress.
   - **Avantages**: Ces pratiques peuvent améliorer la régulation émotionnelle, réduire l'anxiété et augmenter le bien-être général.

2. **Relations positives**

   - **Connexions de soutien**: Entourez-vous de personnes solidaires, empathiques et dignes de confiance qui vous élèvent et vous encouragent.
   - **Avantages**: Les relations positives apportent un soutien émotionnel, réduisent les sentiments d'isolement et favorisent un sentiment d'appartenance et d'acceptation.

3. **Auto-compassion**

- **Pratiquez la gentillesse envers soi-même**: Offrez-vous la même gentillesse et la même compréhension que vous offririez à un ami. Reconnaissez votre douleur sans jugement.
- **Avantages**: L'auto-compassion peut réduire les discours intérieurs négatifs, augmenter l'estime de soi et améliorer le bien-être émotionnel.

4. **Santé physique**

- **Mode de vie sain**: Maintenez une alimentation équilibrée, pratiquez une activité physique régulière et veillez à un sommeil suffisant. La santé physique est étroitement liée à la résilience émotionnelle.
- **Avantages**: Une bonne santé physique favorise la stabilité émotionnelle, réduit le stress et améliore la qualité de vie globale.

5. **Autonomisation personnelle**

- **Fixer des limites**: Entraînez-vous à établir et à maintenir des limites saines dans toutes les relations. Cela protège votre espace émotionnel et évite de nouveaux abus.

- o **Avantages**: Les limites vous permettent de prendre le contrôle de votre vie et de vos interactions, favorisant ainsi un sentiment de sécurité et d'autonomie.

6. **Esprit de croissance**

- o **Adoptez l'apprentissage**: Adoptez un état d'esprit de croissance en considérant les défis comme des opportunités d'apprentissage et de croissance personnelle.
- o **Avantages**: Cet état d'esprit encourage la résilience, l'adaptabilité et une vision positive des difficultés de la vie.

7. **Objectif et signification**

- o **Identifiez vos valeurs**: Réfléchissez à vos valeurs fondamentales et à ce qui vous donne un sens et un but dans la vie.
- o **Avantages**: La poursuite d'activités et d'objectifs significatifs améliore votre sentiment d'utilité et d'épanouissement, contribuant ainsi à la résilience globale.

8. **Développement professionnel**

- o **Développement de compétences**: Participez à des opportunités de développement professionnel pour développer vos compétences et votre confiance dans votre carrière.
- o **Avantages**: Réussir dans votre vie professionnelle peut renforcer l'estime de soi, procurer un sentiment d'accomplissement et réduire la dépendance à l'égard de la validation externe.

Les interventions thérapeutiques et les stratégies de renforcement de la résilience sont des éléments essentiels de la guérison des abus narcissiques. En vous engageant dans diverses formes de thérapie et en vous concentrant sur le développement de la force émotionnelle et de la résilience, vous pouvez retrouver votre estime de soi, reconstruire votre vie et avancer avec confiance et force.

Dans les chapitres suivants, nous explorerons d'autres outils et techniques pour maintenir votre santé mentale et émotionnelle, ainsi que des stratégies pour bâtir des relations plus saines à l'avenir. En appliquant les connaissances et les compétences acquises dans ce chapitre, vous serez mieux équipé pour relever les défis de la vie et prospérer au-delà de l'ombre des abus narcissiques.

Chapitre 8

Aider les autres à comprendre et à gérer les narcissiques

Comprendre le trouble de la personnalité narcissique (NPD) est crucial non seulement pour les personnes directement touchées, mais aussi pour leurs proches qui peuvent avoir du mal à comprendre la dynamique complexe en jeu. Éduquer et soutenir les autres dans leurs relations avec les narcissiques peut favoriser un environnement plus favorable pour toutes les personnes impliquées. Ce chapitre se concentre sur les stratégies pour aider les proches à comprendre le NPD et offre des conseils sur la manière de gérer efficacement les narcissiques.

Éduquer ses proches

Éduquer ses proches sur le NPD implique de leur fournir des informations précises et de les aider à reconnaître les signes et l'impact du comportement narcissique. En augmentant la sensibilisation, vous pouvez favoriser l'empathie et la compréhension, qui sont essentielles à un environnement favorable.

Enseigner aux autres le NPD

1.   **Partager des informations**

   o   **Livres et articles**: Offrez à vos proches des livres, des articles et des ressources en ligne crédibles recommandés sur le NPD. Les informations provenant de sources réputées peuvent les aider à comprendre les complexités de la maladie.

   o   **Documentaires et vidéos**: Suggérez des documentaires et des vidéos qui expliquent le NPD. Les médias visuels peuvent être particulièrement efficaces pour transmettre les aspects émotionnels et psychologiques de l'abus narcissique.

2.   **Expliquer les concepts clés**

   o   **Définition et caractéristiques**: Expliquez ce qu'est le NPD et décrivez les critères et caractéristiques cliniques. Mettez en évidence des traits tels que le manque d'empathie, le besoin d'admiration et le comportement manipulateur.

   o   **Types de narcissisme**: Discutez des différents types de narcissisme, tels que le narcissisme grandiose et vulnérable. Cela aide à comprendre les diverses présentations du trouble.

3. **Utiliser des exemples concrets**

   - **Expériences personnelles**: Partagez vos propres expériences (si vous êtes à l'aise) pour fournir des exemples concrets de la façon dont le comportement narcissique se manifeste. Les histoires personnelles peuvent rendre les informations plus pertinentes et plus percutantes.
   - **Études de cas**: Utilisez des études de cas hypothétiques ou anonymisées pour illustrer des scénarios et des comportements courants associés aux narcissiques. Cela aide à reconnaître les modèles et les dynamiques.

4. **Clarifier les idées fausses**

   - **Dissiper les mythes**: Abordez les idées fausses courantes sur le NPD, comme la croyance selon laquelle tous les narcissiques sont ouvertement confiants ou simplement égoïstes. Clarifier les fondements psychologiques du trouble.

o **Souligner l'impact**: Insistez sur l'impact émotionnel et psychologique important du comportement narcissique sur les victimes. Cela aide les proches à comprendre la gravité du problème.

5. **Fournir du contexte**

o **Théories psychologiques**: Offrez un aperçu des théories psychologiques et des causes du NPD, telles que les influences de l'enfance et la dynamique familiale. Comprendre les origines du trouble peut favoriser l'empathie.

o **Facteurs génétiques et environnementaux**: Discutez du débat entre nature et culture en relation avec le NPD. Expliquez comment les prédispositions génétiques et les facteurs environnementaux contribuent au développement de traits narcissiques.

6. **Encourager l'empathie**

o **Prise de perspective**: Encouragez vos proches à se mettre à la place d'une personne touchée par un abus narcissique. Cela peut les aider à comprendre le fardeau émotionnel et à développer de l'empathie.

- o **Écoute active**: Enseignez l'importance de l'écoute active lorsque quelqu'un partage ses expériences de comportement narcissique. Valider leurs sentiments et leurs expériences est crucial pour le soutien.

Offrir des conseils sur la gestion des narcissiques

Une fois que les proches ont acquis une compréhension fondamentale du NPD, l'étape suivante consiste à les doter de stratégies leur permettant de gérer efficacement les narcissiques. Cela implique de fixer des limites, de gérer les attentes et de maintenir le bien-être personnel.

Stratégies pour faire face aux narcissiques

1. **Fixer des limites**

   - o **Définir clairement les limites**: Aidez vos proches à comprendre l'importance de fixer des limites claires et fermes avec les narcissiques. Cela protège leur espace émotionnel et physique.
   - o **Communiquer avec assurance**: Enseigner des techniques de

communication assertive pour exprimer efficacement les limites. Encouragez l'utilisation des déclarations « je » pour exprimer des sentiments et des besoins sans blâmer.

2. **Gérer les attentes**

- **Des attentes réalistes**: Conseillez à vos proches d'avoir des attentes réalistes concernant le changement de comportement du narcissique. Comprenez qu'il est peu probable que les narcissiques changent sans une thérapie approfondie.
- **Accepter les limites**: Insistez sur l'importance d'accepter les limites de la relation et de se concentrer sur ce qu'ils peuvent contrôler.

3. **Soins personnels et soutien**

- **Donner la priorité aux soins personnels**: Encouragez vos proches à donner la priorité à leurs soins personnels et à leur bien-être. Cela inclut la participation à des activités qui apportent de la joie, la pratique de la pleine conscience et la recherche de l'aide d'un professionnel si nécessaire.

- ○ **Rechercher de l'aide**: Suggérez de rejoindre des groupes de soutien ou de rechercher une thérapie pour relever les défis liés à la gestion d'un narcissique. Partager des expériences avec d'autres personnes vivant des situations similaires peut apporter du réconfort et des idées.

4. **Communication efficace**

- ○ **Ton neutre**: Apprenez à vos proches à maintenir un ton neutre et calme lorsqu'ils interagissent avec un narcissique. Éviter les réactions émotionnelles peut empêcher l'escalade.
- ○ **Concentrez-vous sur les faits**: Encouragez-les à s'en tenir aux faits plutôt qu'à s'engager dans des arguments émotionnels. Cela minimise les possibilités de manipulation.

5. **Quand éloigner ou couper les liens**

- ○ **Reconnaître la toxicité**: Aidez vos proches à reconnaître quand une relation avec un narcissique devient trop toxique ou préjudiciable à leur bien-être.
- ○ **Plan de séparation**: Fournir des conseils sur la planification de la séparation ou la

réduction des contacts si nécessaire. Cela comprend des étapes pratiques telles que la création d'un plan de sécurité et la recherche de conseils juridiques si nécessaire.

6. **Réseau d'assistance**

   - **Construire un réseau de soutien**: Encouragez vos proches à construire un solide réseau de soutien composé d'amis, de membres de la famille et de professionnels qui peuvent fournir un soutien émotionnel et pratique.
   - **Appuyez-vous sur des personnes de confiance**: Insistez sur l'importance de s'appuyer sur des personnes de confiance dans les moments difficiles. Partager le fardeau peut alléger la charge émotionnelle.

Soutenir quelqu'un qui est dans une relation narcissique et sensibiliser au trouble de la personnalité narcissique (NPD) sont des éléments essentiels pour favoriser un environnement plus compréhensif et plus favorable. Cette section fournit des conseils sur la manière de soutenir les individus dans des relations narcissiques et propose des stratégies pour plaider en faveur d'une sensibilisation et d'un soutien plus larges.

Soutenir quelqu'un dans une relation narcissique

Soutenir une personne dans une relation narcissique nécessite de la sensibilité, de la compréhension et une assistance pratique. Votre rôle est de leur offrir de l'aide sans leur faire pression et de leur offrir un espace sûr où ils peuvent exprimer leurs sentiments et prendre des décisions éclairées.

Fournir de l'aide et des conseils

1. **Écoute et Validation**

   - **Écoute active**: Offrez une oreille sans jugement. Laissez-les partager leurs expériences et leurs sentiments sans les interrompre ni offrir de conseils non sollicités.
   - **Validez leurs sentiments**: Reconnaissez la douleur émotionnelle qu'ils éprouvent. Validez leurs sentiments et leurs expériences pour les aider à se sentir entendus et compris.

2. **Offrir un soutien émotionnel**

   - **Soyez empathique**: Faites preuve d'empathie et de compassion. Comprenez que quitter ou gérer une relation narcissique peut être émotionnellement éprouvant et complexe.

- o **Encouragez les soins personnels**: Encouragez-les à donner la priorité aux pratiques de soins personnels telles que la pleine conscience, l'exercice et la participation à des activités qui leur apportent de la joie.

3. **Fournir une assistance pratique**

- o **Planification de la sécurité**: S'ils envisagent de mettre fin à la relation, aidez-les à élaborer un plan de sécurité. Cela implique d'obtenir des documents importants, de mettre de côté des ressources financières et d'identifier des endroits sûrs où aller.
- o **Références de ressources**: Fournissez des informations sur les ressources telles que les services de conseil, les groupes de soutien et l'assistance juridique. Proposez-leur de les aider à rechercher et à se connecter à ces ressources.

4. **Éviter le jugement et la pression**

- ○ **Sois patient**: Comprenez que quitter une relation narcissique peut être un long processus. Évitez de les forcer à prendre des décisions ou à agir avant qu'ils ne soient prêts.
- ○ **Respectez leurs choix**: Respectez leurs décisions et leurs délais. Soutenez leurs choix sans imposer vos propres opinions ou solutions.

5. **Encourager l'aide professionnelle**

- ○ **Suggérer une thérapie**: Encouragez-les à rechercher une thérapie ou des conseils auprès d'un professionnel expérimenté dans la gestion des abus narcissiques. Proposez-leur de les aider à trouver un thérapeute approprié.
- ○ **Soutenez leur parcours**: Soutenez leur parcours thérapeutique et encouragez-les pendant qu'ils résolvent leurs problèmes avec un professionnel.

6. **Fixer des limites**

- ○ **Protégez-vous**: Tout en soutenant quelqu'un dans une relation narcissique, fixez des limites claires pour protéger votre propre bien-être. Évitez de vous laisser trop emporter par leurs problèmes.

- ○ **Maintenir l'équilibre**: Équilibrez votre soutien avec les soins personnels pour vous assurer de ne pas être émotionnellement submergé ou épuisé.

Sensibilisation

Plaider pour une compréhension et un soutien plus larges du NPD implique de sensibiliser davantage le public, de promouvoir des informations précises et de favoriser une communauté de soutien pour les personnes touchées par les abus narcissiques.

Plaider pour une compréhension et un soutien plus larges

1. **Initiatives éducatives**

   - ○ **Organiser des ateliers et des séminaires**: Organiser des ateliers et des séminaires pour sensibiliser le public au NPD. Collaborer avec des professionnels de la santé mentale pour fournir des informations précises et des conseils pratiques.
   - ○ **Développer du matériel d'information**: Créez des brochures, des dépliants et des

ressources en ligne qui fournissent des informations sur le NPD, son impact et les options d'assistance disponibles.

2. **Engagez-vous avec les médias**

   - **Rédiger des articles et des billets de blog**: Contribuez à des articles ou à des billets de blog pour sensibiliser à l'abus narcissique et à ses effets. Partagez vos idées et vos expériences pour éduquer un public plus large.
   - **Participer à des entretiens**: Collaborez avec les médias pour des interviews ou des podcasts afin de discuter du NPD et plaider pour une plus grande sensibilisation et un plus grand soutien.

3. **Promouvoir les réseaux de soutien**

   - **Plaider pour les groupes de soutien**: Promouvoir la création et l'accessibilité de groupes de soutien pour les survivants d'abus narcissiques. Soutenez et participez à ces groupes pour offrir de l'aide et recueillir des commentaires.
   - **Encourager l'engagement communautaire**: Favoriser l'implication de la communauté dans la sensibilisation

au NPD. Encouragez les organisations locales et les réseaux de soutien à résoudre le problème et à fournir des ressources.

4.   **Plaidoyer législatif et politique**

- ○ **Modifications de la politique de prise en charge**: Plaider en faveur de politiques et de législations qui répondent aux besoins des survivants d'abus narcissiques. Soutenir les initiatives qui améliorent les ressources en santé mentale et les protections juridiques.
- ○ **Collaborer avec des groupes de défense**: Associez-vous à des groupes de défense axés sur la santé mentale et la violence domestique pour amplifier vos efforts et créer un changement systémique.

5.   **Promouvoir la recherche et le financement**

- ○ **Soutenir les initiatives de recherche**: Plaider pour la recherche sur le NPD et son impact. Encourager le financement d'études explorant des traitements efficaces et des stratégies de soutien.

- ○ **Sensibiliser aux besoins de financement**: Aidez à collecter des fonds pour des organisations et des initiatives de recherche dédiées à la compréhension et à la lutte contre les abus narcissiques.

6. **Favoriser les conversations ouvertes**

- ○ **Créer des espaces sûrs**: Promouvoir des conversations ouvertes sur le NPD et les abus narcissiques dans divers forums, notamment les écoles, les lieux de travail et les centres communautaires.
- ○ **Encourager l'empathie et la compréhension**: Favoriser une culture d'empathie et de compréhension en partageant des connaissances et des expériences personnelles. Encouragez les autres à écouter et à découvrir les complexités des relations narcissiques.

Soutenir quelqu'un dans une relation narcissique et sensibiliser au NPD sont essentiels pour favoriser une communauté solidaire et informée. En offrant un soutien compatissant, en fournissant une assistance pratique et en plaidant pour une compréhension plus large et un changement systémique, vous pouvez contribuer à la guérison et à l'autonomisation des personnes touchées par la maltraitance narcissique.

Conclusion

En concluant cette exploration du trouble de la personnalité narcissique (NPD) et de son impact sur les relations, nous revisitons les idées clés de chaque chapitre et proposons des réflexions finales et des encouragements. Ce voyage a fourni une compréhension complète du NPD, des stratégies pratiques pour faire face aux narcissiques et des conseils pour guérir et soutenir les autres.

Résumé des points clés

1. **Comprendre le trouble de la personnalité narcissique**
     - **Définition et caractéristiques:** Nous avons défini le NPD, en décrivant ses critères cliniques et ses principaux traits, notamment la grandeur, le manque d'empathie et la manipulation.
     - **Types de narcissisme**: Nous avons fait la distinction entre le narcissisme grandiose et le narcissisme vulnérable, en soulignant comment ces types se manifestent différemment dans le comportement et les relations.
     - **Prévalence et idées fausses**: Nous avons discuté de la prévalence du NPD et

dissipé les mythes courants, en précisant que tous les narcissiques ne sont pas ouvertement arrogants et que le NPD est un trouble psychologique grave.

2. **Les racines du narcissisme**
    - **Théories psychologiques**: Nous avons exploré diverses théories sur les origines du NPD, notamment les perspectives psychanalytiques, comportementales et cognitives.
    - **Influences de l'enfance et dynamique familiale**: Nous avons examiné comment les expériences précoces de la vie et la dynamique familiale contribuent au développement de traits narcissiques.
    - **Facteurs génétiques et environnementaux**: Nous avons considéré l'interaction entre les prédispositions génétiques et les influences environnementales dans le développement du NPD.

3. **Identifier les comportements narcissiques**
    - **Traits et comportements communs**: Nous avons identifié les signes clés et les signaux d'alarme d'un comportement narcissique, tels qu'un besoin excessif d'admiration et d'exploitation des autres.

- **Styles de communication narcissique**: Nous avons analysé les modèles de communication typiques des narcissiques, y compris les tactiques de manipulation et l'utilisation du charme pour tromper.
- **Études de cas**: Nous avons fourni des exemples concrets pour illustrer comment le comportement narcissique se manifeste dans divers scénarios.

4. **Impact du narcissisme sur les relations**
    - **Relations personnelles**: Nous avons discuté des effets néfastes du narcissisme sur la famille, les amis et les partenaires amoureux, en soulignant la manipulation émotionnelle et les dynamiques tendues.
    - **Relations professionnelles**: Nous avons examiné l'impact du narcissisme sur le lieu de travail, y compris les défis liés à l'évolution de carrière et à la dynamique d'équipe.
    - **Conséquences émotionnelles et psychologiques**: Nous avons abordé les effets sur la santé mentale des personnes impliquées dans des relations narcissiques, tels que l'anxiété, la dépression et la diminution de l'estime de soi.

5. **Stratégies pour gérer les narcissiques dans les relations personnelles**
    - **Fixer des limites**: Nous avons souligné l'importance de fixer des limites claires et fermes avec les narcissiques pour protéger le bien-être personnel.
    - **Communication efficace**: Nous avons fourni des stratégies de communication assertive, en mettant l'accent sur la clarté et la fermeté pour éviter toute manipulation.
    - **Soins personnels et soutien**: Nous avons souligné la nécessité de prendre soin de soi et l'importance de rechercher le soutien de personnes de confiance.
    - **Quand s'éloigner**: Nous avons discuté des signes qui indiquent quand il est nécessaire de mettre fin à une relation et comment planifier une séparation en toute sécurité si nécessaire.
6. **Stratégies pour gérer les narcissiques dans les relations professionnelles**
    - **Gérer les attentes**: Nous vous avons conseillé de maintenir des attentes réalistes lorsque vous traitez avec des narcissiques sur le lieu de travail et de comprendre leurs limites.

- o **Résolution des conflits**: Nous avons fourni des techniques pour résoudre les conflits avec les narcissiques, en mettant l'accent sur une communication calme et factuelle.
- o **Construire un réseau de soutien**: Nous avons souligné l'importance de rechercher le soutien de collègues et de mentors pour gérer les défis en milieu de travail.
- o **Considérations juridiques et RH**: Nous avons discuté de la connaissance de vos droits et de l'implication des RH lorsque cela est nécessaire pour résoudre les problèmes de travail impliquant des narcissiques.

7. **Guérison des abus narcissiques**
   - o **Reconnaître l'abus narcissique**: Nous avons défini les signes d'abus narcissique et son impact sur la santé mentale.
   - o **Étapes vers la récupération**: Nous avons décrit des stratégies de guérison, notamment le recours à une thérapie et le renforcement de la résilience.
   - o **Interventions thérapeutiques**: Nous avons exploré différents types de thérapie et leurs avantages pour lutter contre les effets de l'abus narcissique.

- o **Renforcer la résilience**: Nous avons proposé des stratégies pour développer la force émotionnelle et la résilience, en mettant l'accent sur les soins personnels, les relations positives et la croissance personnelle.

8. **Aider les autres à comprendre et à gérer les narcissiques**
   - o **Éduquer ses proches**: Nous avons discuté de la manière d'éduquer les autres sur le NPD, en utilisant des ressources et des exemples concrets pour améliorer la compréhension.
   - o **Soutenir quelqu'un dans une relation narcissique**: Nous avons fourni des conseils sur la manière d'offrir un soutien, y compris l'écoute, une assistance pratique et le respect de leurs décisions.
   - o **Sensibilisation**: Nous avons présenté des stratégies pour plaider en faveur d'une compréhension plus large du NPD, notamment des initiatives éducatives, l'engagement des médias et le plaidoyer politique.

Pensées finales

Naviguer dans les relations avec des personnes atteintes d'un trouble de la personnalité narcissique peut être incroyablement difficile, que ce soit dans des contextes personnels ou professionnels. Ce livre visait à vous doter des connaissances et des outils nécessaires pour reconnaître les comportements narcissiques, comprendre leurs racines et mettre en œuvre des stratégies efficaces pour gérer et guérir ces relations.

N'oubliez pas que vous n'êtes pas seul dans ce voyage. De nombreuses personnes ont réussi à surmonter les complexités des relations narcissiques et ont trouvé la guérison et l'autonomisation. Il est important de donner la priorité à votre propre bien-être et de demander de l'aide en cas de besoin. En appliquant les idées et les stratégies abordées dans ce livre, vous pouvez établir des relations plus saines, favoriser la croissance personnelle et plaider pour une meilleure compréhension du NPD.

À mesure que vous avancez, emportez avec vous la connaissance que vos expériences et vos sentiments sont valables et que la guérison et la croissance sont non seulement possibles, mais réalisables. Continuez à rechercher des connaissances, à renforcer votre résilience et à soutenir ceux qui sont dans leur propre voyage. Votre chemin vers la compréhension et la gestion du narcissisme est une étape importante vers la création d'un monde plus empathique et plus solidaire.